幸福実現党党首
釈 量子

一緒に考えよう！

沖縄

在沖海兵隊元幹部
ロバート・D・エルドリッヂ

まえがき

本書は、2年前に始まったと言ってもいいかもしれません。

米海兵隊に勤めた私はかねてより、日本の政治家はもっと安全保障について勉強するべきだと思っていました。そんな折に、幸福実現党の釈量子党首と知り合い、そういった私の考えをお伝えしたところ、「ぜひとも私たちの党では、より一層、安全保障問題に取り組みたいと思います」と応えてくださったのがきっかけです。

そういうわけで、本書は、安全保障が中心のテーマとなっていますが、政治や外交など、さまざまな議論も入っているので、安全保障について勉強したい方だけでなく、日米関係や沖縄の現状について、もっと知りたいという方にとっても参考になるものと期待しています。

本書の企画そのものは、昨年、私から釈党首に提案したのですが、快く引き受けてくださり、数回にわたって対談を収録し、このように実現しました。

第1章では、私が昨年2月に沖縄の反基地運動の実態を捉えた映像を公開した際の話を皮切りに、反基地運動と地元メディアの問題点について斬り込んでいきます。

第2章では、翁長雄志《おながたけし》・沖縄県知事を中心に反基地運動の過激的な活動家らが国内外で発信する誤解、誤認、ヘイトスピーチに対して、事実を基に反論しています。

第3章では、今後の沖縄について考えるとともに、「軍」についての考え方を議論します。また、多くの日本人が知らない在日海兵隊の本当の姿を紹介しています。

第4章では、「日米同盟はアメリカが日本に押しつけた」「本土は沖縄を見捨てた」という誤解について、第二次世界大戦終戦時に遡って検証しています。

第5章では、現在、沖縄で起きている「琉球独立運動」の狙いと正体を暴き、警鐘を鳴らします。

第6章では、今後の沖縄のシナリオを予測するとともに、これから日本がやるべきと思うことを示します。

第7章では、普天間基地の「県内移設」を一貫して訴え続ける幸福実現党の沖縄における戦いの軌跡をたどります。なお、この章では、釈党首より同党の紹介もあります。

第1章から第3章までは釈党首と私の対談形式を取り、第4章と第6章は私が、第5章と第7章は釈党首が執筆を担当しました。

本書が書店に並ぶのは5月中旬ですが、それはちょうど、日本にとって非常に重要な時期に当たります。

まず、今年の夏は、日本の政治にとってとても重要です。第24回参院選が行われますが、現時点では決定ではないものの、衆院選も行われる可能性があり、1986年以来30年ぶりの衆参同日ダブル選挙になるかもしれません。この選挙に向けて、政策を議論する際に、本書が役に立てば幸いです。

二つ目に、今年の11月にはアメリカの大統領選挙も行われます。現在の日米関係を考える上で、本書は、一人の日本人と一人のアメリカ人が議論したという意味において、両国が互いに、相互関係をどう見ているのか、あるいは見られているのかを示す重要な議論だったと思います。

三つ目に、5月15日は沖縄の本土復帰の日です。今年は44周年になりますが、本書では、題名の通り、今の沖縄をどのように見るべきか、いろいろな角度から問題提起しています。

本書の特徴は、以上の点や発刊のタイミングにあると思いますが、最も重要な特徴は、同世代の研究者と政党の党首との間における政策についての議論です。民主主義社会において、政策について考え方に違いがあるのは当然のことですし、むしろ健全ですが、意外にも私たちの意見が一致したのは、釈党首も私も、真剣に日本のことを考えているからでしょう。また、私はキリスト教徒ではありますが、宗教を超えて議論を行ったことも注目に値するでしょう。宗教の多様性、哲学の多様性、思想・信条の多様性を重視する日米両国が、いかに近代的な国家であるかを象徴する内容になったと思います。ここでお断りしておきたい点がございます。私はアメリカ人ですから、幸福実現党をはじめ、日本の政党には当然、所属しておらず、あくまでも中立の立場で見ていますが、より成熟した議論が永田町で行われてほしいのは本心です。勉強熱心で、全国を飛びまわっている釈党首と、活発な政策の議論を本書で展開しているつもりです。最後までお読みいただければ幸いです。

ここで改めて、本書刊行にあたり、この企画を快く引き受けてくださった釈党首、党首特別補佐の森國英和さんをはじめとする幸福実現党のみなさん、編集に尽力くださった幸福の科学出版 第五編集局の吉川枝里編集局長、今成美智子さんに感謝いたします。

最後になりましたが、熊本・大分の被災された皆様に対し、一日も早い復興を祈っています。

２０１６年４月24日

ロバート・D・エルドリッヂ

Contents
目次

まえがき　1

第1章

反対運動の実態

対談　ロバート・D・エルドリッヂ × 釈量子

反対運動映像公開の舞台裏　14
海兵隊らしくない海兵隊　19
反対運動が悪化する理由　22
反対運動と一体化している地元メディア　27
沖縄に入り込む外国人活動家　30
琉球新報と翁長知事の怪しい関係　33
メディアに「正義」はあるのか　37
地元メディアから大手マスコミへの圧力　40

第2章

普天間神話10の真実

対談 ロバート・D・エルドリッヂ×釈量子

①辺野古住民は基地容認 48
②沖縄は地政学的に極めて重要 50
③先の大戦では沖縄を守るために戦った 54
④「基地があるから戦場になる」わけではない 55
⑤米軍機の事故による死傷者は0人 56
⑥海兵隊の犯罪率は低い 58
⑦沖縄にある米軍基地は23～24パーセント 61
⑧基地がある市町村のほうが発展している 64
⑨オスプレイは安全性の高い機体 67
⑩反対運動をしているのは「プロ市民」 68
選挙部隊化している反対運動 69

第3章

沖縄の平和を守るために

対談 ロバート・D・エルドリッヂ × 釈量子

人権問題化されつつある沖縄問題 74
沖縄はどうなるのか 76
在沖米軍の覚悟――「Fight Tonight」 80
本当の海兵隊の姿を知ってほしい 83
「日本は運命共同体」 85
「軍＝悪」なのか 88
日本人よ、勇気を持って立ち上がれ！ 91

第4章

沖縄は見捨てられていなかった

――ロバート・D・エルドリッヂ

なんとしてでも沖縄を手に入れたかった米軍部 96

沖縄返還を望んでいた米国務省 98
日本政府は「沖縄も領土」と主張し続けた 100
受け入れられない日本の要望 103
昭和天皇の真意とは 105
かろうじて回避できた最悪のシナリオ 110
米軍駐留は日本の要請だった 113
旧安保条約改定への道のり 116
日本は安保にタダ乗りし続けるのか 121

第5章

〝琉球独立運動〟に中国あり

――釈量子

中国の琉球独立工作 124
〝南京大虐殺〟の次は〝琉球大虐殺〟 125
「琉球独立」を国際問題化しようとする中国 129

「自己決定権」という言葉の罠 132
中国属国化への翁長知事の〝布石〟 135
米軍が撤退したらどうなるか 138
「アジアの平和を守っている」という誇りを 143
嘘のない「正論」こそ、沖縄への愛 145
■コラム 沖縄と本土の深い関係 149
■コラム 沖縄には高度な超古代文明があった 155

第6章

沖縄のこれから、日本のこれから

――ロバート・D・エルドリッヂ

沖縄の今後のシナリオ 160
これからの沖縄に必要なもの 163
従軍慰安婦問題と沖縄問題は同じ 167
中国の脅威にどう対抗するか 169

これからの日米関係のゆくえ　172
海兵隊の能力と役割　176
日本は自衛力を見直すべきとき　182
自衛隊にプライドを　185
愛国心がない日本人　189
日本は世界から尊敬されている国　194
日本が世界で果たすべき役割　196

第7章

幸福実現党、かく戦えり　沖縄編

――釈量子

国難を予見し、幸福実現党が立党　200
幸福実現党は「政教分離」に反する!?　201
金城タツローが沖縄で立つ　204
選挙の争点としての「普天間問題」の始まり　206

中国の脅威が現実化　210
「沖縄・九州防衛プロジェクト」スタート　215
尖閣諸島を守れ！　218
沖縄の危機、再び　222
沖縄は二度と他国に占領させない　225
最終的、不可逆的に解決を　229

あとがき　232

第1章

対談

［ロバート・D・エルドリッヂ］

［釈量子］

反対運動の実態

ROBERT D. ELDRIDGE × RYOKO SHAKU

反対運動映像公開の舞台裏

釈　エルドリッヂ先生と初めてお会いしたのは、2014年に沖縄に米軍基地の視察に行ったときでした。沖縄でずっと政治活動で頑張っている金城タツローさんが紹介してくれて、シーメンスクラブで一緒に食事をしましたね。

エルドリッヂ　そうですね。懐かしい。

釈　最初は、巨大なスキンヘッドの男性ということで、少したじろいだんですが（笑）、話すとびっくりするほど優しくて、並んで歩くときなどレディーファーストを徹底されるんです。日頃、党で見ている男性とはまったく別の人種だと言わざるを得ず、「ホンモノの紳士」という印象でした。

エルドリッヂ　ありがとうございます（笑）。でも、今まで出会った貴党の男性の方々は同じように優しかったですよ。しかも、強い信念を持っています。

釈　それ以降、取材や対談などで何度かご一緒する機会をいただきましたが、いつもエルドリッヂ先生からは、米軍に身を置いている人ならではの責任感が感じられました。

また、2011年3月11日の東日本大震災のときは、「トモダチ作戦」の立役者の一人として、被災地で救援活動のための前方司令部の政治顧問も務められました。日本にとっては、文字通り、大恩人のお一人です。

ところが、ある日、そんなエルドリッヂ先生から海兵隊を辞めさせられたと連絡をいただいたわけですが、事の発端は、2015年2月22日でした。

辺野古の海兵隊施設キャンプ・シュワブ前で、普天間基地移設に反対している活動家らが騒動を起こしていて、そのうちの二人が基地に侵入したので拘束・逮捕されました（翌日釈放）。これに対して、地元メディアや反対活動家たちは批判を繰り返していました。

そうした状況を見かねて、エルドリッヂ先生が、その現場を捉えた監視カメラの映像を公開したんですよね。

エルドリッヂ　逮捕された一人の山城博治《やましろひろじ》氏は、基地と国道の境界線の黄色いラインを意図的に越えていたのに、「越えていない」と主張していました。また、映像を見れば明らかですが、地元メディアも終始その現場にいたにもかかわらず、山城氏らを援護する捏造記事を繰り返し書いて、「不当逮捕」と報じたのです。

私は、映像は県警や沖縄防衛局から日本政府に提供されていると思っていたのですが、3月3日の国会のこの事件に関する衆議院予算委員会での答弁で、明確に説明できない安倍晋三内閣総理大臣をはじめとする政府の様子を見て、内閣が真相を知らされていないことに気づき、翌日、外部に映像を提供して公開しました。

キャンプ・シュワブ前の反基地活動家の違法行為を捉えた監視カメラの映像
（インターネット配信番組「THE FACT」より）

釈　もしあの映像が公開されていなければ、政府は地元メディアの偏向報道の証拠をずっとつかめないままだった可能性もあります。映像公開の意味は本当に大きかったと思います。

ただ、そのためにエルドリッヂ先生は海兵隊を辞めさせられることになってしまいました。

エルドリッヂ先生が更迭された当日、先生から「クビになった」ってメールをいただいて、とても慌てました。確か、そのときは恵隆之介《めぐみりゅうのすけ》先生と一緒にいらっしゃったんですよね？

エルドリッヂ　その週は、休みを取って離島の久米島に調査に行っていたんですけれども、上司から連絡が入ったんです。映像を公開した件かなと思ったので無視して（笑）、その晩、那覇に戻り、次の日に知らんふりして仕事に行ったら、「あの映像は誰が出したんですか」「インターネットに載せた人に降ろさせてください」と言われました。

それで、インターネットから降ろすようにお願いしようと思ったんですが、そうする前に、夕方、上司にいきなり「ロバートが出したんですか」と聞かれました。だから、「あなたたちがちゃんと情報戦をやっていないから、出しました」と答えたら、その上司がいきなり「大変大変！」と慌てて参謀長に言いに行ったんです。

その上司はとても海兵隊らしくなく、事なかれ主義の人だったので、もう尊敬できなくなりました。

釈　そもそも、基地の問題がここまでこじれたのは、日本の問題です。民主党政権になって「最低でも県外」という鳩山由紀夫首相（当時）の迷走ばかりか、自民党政権になっても問題を先送りするばかりで、左翼の活動家を野放図にしていたわけです。日本のために、沖縄のために、職を賭したエルドリッヂ先生には、日本人の一人として心から申し訳ないという気持ちとともに、感謝でいっぱいになりました。

冷静に考えれば、組織のしがらみや論理を優先して、保身のために公開しないという発想もあったはずです。口をつぐんでいればよかったものを、「人間として嘘を許してはいけない」「事実ではないことが事実としてまかり通るのを見過ごしてはいけない」という考えの下、映像を公開したエルドリッヂ先生の姿は、「まさに青い目の侍だ」と思いました。

海兵隊らしくない海兵隊

釈 海兵隊は、空からも海からも迅速に展開でき、さまざまな軍事作戦任務や地域の安全保障協力活動を行います。有事や緊急事態にも対応でき、米四軍（陸軍・海軍・空軍・海兵隊）のなかでも最も実践的な遠征即応部隊として自立作戦能力を備えていると言われています。自前で何でもできるスーパー部隊のイメージがありますが、エルドリッヂ先生のおっしゃる「海兵隊らしさ」とはどういうものですか。

エルドリッヂ 「勇気を持って、正しいことをやる組織」「人を助ける知的な組織」です。それから、「官僚的ではなく、自由に考える」「勇気ある行動を賞賛する」「忠誠、忠実を守る」というものです。

先ほどの上司は私を通して、私たちを支持してくれている人たちにいろんなことを頼もうとしていました。でも、そのなかには彼らを危険な状況にさらす可能性の高いものも多かったので、私から断ったこともたくさんあります。私たちのために、彼らに危険なことをさせたくはなかったんです。

釈　具体的にはどのようなものがありましたか。

エルドリッヂ　反対派の人たちが、北部訓練場の近くにあるランディングゾーン（飛行機の着陸訓練の場所）の工事現場に自動車などの障害物を設けて、米軍がゲートに入れないようにしていたんです。それを撤去するために、6、7年間くらい、防衛省や警察、県庁とやり取りをしていたのですが、結局彼らは何もしませんでした。それで、フェンスクリーンプロジェクト（※）の人たちにその障害物を撤去してもらうようお願いできないかという話がありました。

でも、反対派の人たちは警察に対しても暴力を振るっているくらいなので、一般の

※米軍基地反対派の人たちによって基地のフェンスに貼られたガムテープなどを清掃して、もとの風景を取り戻していくボランティア活動。

県民に対してはやりたい放題攻撃してきます。もし撤去作業をしているときに、彼らに見つかったら大変な目に遭うかもしれません。だから、私は上司に断りました。

ところが、上司はそうしたお願いは持ちかけてくるのに、2月の事件のときには、支持してくれている人たちを切り捨てたんです。映像を公開すれば、真相が明らかになり、支持してくれている人たちを守ることができるし、拘束が不当だと批判されている日本人警備員たちの名誉回復にもつながるのに、映像を公開しようとしなかったのはショックでした。

2月の事件をそのまま黙認してしまっていたら、辺野古移設は断念せざるを得ない状態になっていたと思います。どんどん抗議活動が激しくなっていたはずです。なぜなら、反対派の活動家らは、何をやっても、「拘束されない」「逮捕されない」ということになるわけですから。逮捕されても、（革新系の国会議員が介入して）すぐ釈放されます。司法と立法は三権分立の原則に基づいて分けられているはずなのに、沖縄ではそれが実際には守られていません。

反対運動が悪化する理由

釈　２０１５年11月から沖縄県警の要請を受けて、警視庁機動隊が抗議活動の警備に派遣されました。政府はそれなりの対応をしようとしていたように見えましたが。

エルドリッヂ　でも、映像を見ている限りでは揉み合いだけですよね。アメリカでは警察官の指示に従わなければ即逮捕されます。触っても捕まらないなんて考えられません。

なぜ機動隊が必要かというと、沖縄県警は、沖縄出身の人もいるし、翁長雄志《おながたけし》知事も関わっているので、正しいことができないからです。その状態はこの３年間以上ずっと続いてきたのですが、それに対して政府が何もしてこなかったから、反対運動がどんどんエスカレートしてきたわけです。

かつてニューヨーク市長でルドルフ・ジュリアーニという人がいたんですが、彼はアメリカ有数の犯罪率だったニューヨークの犯罪率を一気に減らしました。どのようにしたかというと、軽微な犯罪でも徹底的に取り締まったんです。

釈　日本でいうと「割れ窓理論」ですね。一つ割れた窓があると、その建物は誰も注意を払っていないものと思われ、罪悪感が薄まるため、その他の窓も割られていき、いずれその街全体が荒廃し、犯罪が増加するという理論です。

ニューヨークの地下鉄はとても汚くて、落書きだらけで有名でしたが、ジュリアーニ市長が、軽微なものから徹底して取り締まったことで、犯罪が激減しました。

エルドリッヂ　割れ窓を見たら、周りの住人は不安を感じたり、自分のコミュニティに対する思いやりが薄くなります。場合によっては、街から出て行ってしまい、その結果、経済力が減る。そして治安が悪くなる。だから、悪循環になります。彼は、その悪循環を止めました。

釈　エルドリッヂ先生でも？

１９８０年代当時は、私もニューヨークに行くのは正直言って怖かったです。

エルドリッヂ　はい。でも、1990年代以降は家族を連れていけるようになりました。

釈　日本でも、足立区がニューヨークを参考にして、2008年から割れ窓理論をもとに環境美化運動を開始し、ずっと東京都犯罪件数ワースト1だったのが、2015年にはワースト1を脱しました。

エルドリッヂ　割れ窓理論で考えれば、沖縄であれだけ基地の反対運動ができるのは、取り締まられず許されているからです。

釈　まさにその通りですね。

エルドリッヂ　警察庁から派遣されてくる幹部たちは、事なかれ主義で、とにかく問題にならないように頑張って任務期間をやり過ごせば、また本土に戻ることができる。そういうことをずっと繰り返してきました。

釈　私はハートクリーンプロジェクト（※）やフェンスクリーンプロジェクトなどに参加しましたが、反対運動が容認されているとしか思えない状況でしたね。むしろ、

※普天間基地の入口で米軍の方に対して、笑顔でおはようの挨拶をする活動。米軍に罵声を浴びせる反対派に対する活動として始まった。

米軍基地に対して抗議することが正義であるかのような空気がありました。本当に無法地帯になっています。

エルドリッヂ　さらに言えば、米軍と仲良くする県民は嫌がらせを受けます。だから、例えば、海兵隊が県民の方と一緒に写っている写真をフェイスブックなどに載せるときには、その県民の顔を分からないようにしなければいけないこともあります。そこまで同調圧力がある社会です。

釈　県警の人でも、マスクとサングラスをしていないと、同じ県民から何を言われるか分からないといいます。

エルドリッヂ　釈先生がおっしゃったように、「反対運動は正義」で、「米軍と仲良くする人たちは

フェンスクリーンプロジェクトに参加する釈

県民の恥」ということです。だから、米軍基地に反対ではない人たちでも、自分自身や家族が嫌がらせを受けるのは嫌だから、隠しているか、一切関わらないというスタンスを取っています。

釈　警察官も動かなければ、政治で手を打つ人もいなくて、権力を監視するはずのメディアは反対運動と一緒になっているという状況のなかで、沖縄には正義がまったくなくなってしまっているのではないでしょうか。

エルドリッヂ　あるいは狂っている。民主主義国家、法治国家にあるべき「思想の自由」「結社の自由」という本来の権利が、暴走している沖縄では全部失われています。非常に危険な状態です。私はずっと警告していたんですが、ますます悪化しています。

ようやく政府が対応しようとはしているのですが、メディアから「暴走する安倍政権」とか「暴力的だ」とか極端な言い方で批判されています。

反対運動と一体化している地元メディア

エルドリッヂ　以前、米軍の広報部の人がジャパンタイムズの記者とのプライベートのやり取りのなかで、「反対派の人たちが警察官に殴られて怪我をしたというのは大げさだ」ということを言ったら、それが新聞記事の1面になりました。その殴られたという映像を見てみたら、警察官が触れただけで、反対派の人が10回転くらいして転げるんです。

釈　受け身の姿勢を取ってわざと曲芸並みにやっているんでしょうね。

エルドリッヂ　その映像を撮っている若い人も、「大丈夫ですか！　大丈夫ですか！」とプロフェッショナルに演じています。

釈　〝助演男優賞〟ですね。

エルドリッヂ　その報道があったのが2015年2月9日だったんですが、その翌日、その記事に対してインターネットの読者欄に私は四つのコメントを書き込み、それぞれにそれを立証する、すでに誰かがアップしていた映像のリンクを貼りました。

そのうちの一つについて話すと、猿田佐世《さるたさよ》氏という革新系の弁護士がつくった「New Diplomacy Initiative（新外交イニシアティブ）」という、よく分からない研究機関があるんですが、1月のジャパンタイムズに、それを絶賛する記事が出ていたんです。しかも、「日本の米軍基地の74パーセントは沖縄にある」など、彼女の主張がそのまま記事になっていました。

その研究機関を「よく分からない」と申し上げているのには、山ほど理由があります。

まず、運営費を実際にどこから受け取っているのかが分かりません。事務局の方は会員からだと弁解していますが、会員費だけではそう簡単にカバーできないでしょう。また、評議員になっている方々は、米軍基地に対して反対ないし批判的な方ばかりで、少なくとも過去20年間で沖縄の状況は改善されているにもかかわらず、いわゆる基地問題に対する理解がまったく進展していません。研究者というのは、新しい情報を受け入れながら、自分の考えを正していくものですが、この研究機関は、まったくthinkingしていないようです。さらに、「沖縄がかわいそう」などと言っていますが、評議員の方々は、県外か国外の人ばかりで、沖縄の日々の現状をまったく分かっていません。

ただ、私が批判したのは、こうした問題だらけの研究機関のことではなく、その記事の中立性についてでした。

そうしたら、2月13日の沖縄タイムスの1面で、その私の書き込みが「また米軍関係者が暴言」と批判されました。

でも、沖縄タイムスはジャパンタイムズなど読んでいないはずです。ましてや、読者の書き込み欄など読んでいるわけがありません。

では、なぜ沖縄タイムスがジャパンタイムズに書き込んだ私のコメントを知っていたのか。つまり、ジャパンタイムズのもとの記事を書いた人が、沖縄タイムスに情報を提供したんです。そういう仕組みができています。

釈　リンクしているんですね。

沖縄に入り込む外国人活動家

エルドリッヂ　そのジャパンタイムズの記者は外国人ですが、活動家なんです。2015年1月25日に国会の包囲活動がありましたが、そのとき、彼はフェイスブックに「（我々は）国会を包囲した」と英語で書いていました。普通、記者というのは、当事者とは距離を置いて、「They（彼らは）」という客観的な言い方をしますが、「We（我々）」と書いているんです。

釈　どこの国の人ですか？

エルドリッヂ　ジョン・ミッチェルというウェールズ出身のイギリス人です。あるインタビューで彼は、自分もイギリスに対して不満があるので、日本政府に対する沖縄県民の不満に同情できるとまで述べています。辺野古には外国人の活動家が非常に多く、イギリス人、オーストラリア人、ニュージーランド人、アメリカ人、ドイツ人、フランス人、イタリア人と国もさまざまです。

たぶん、沖縄のことを一番考えているのは私です。それなのに、事実を伝えたら批判されるのは納得できません。

「エルドリッヂはKKK（白人至上主義者）に入っている」とネットで書いている人もいますが、そういうふうに言われるのは非常に残念です。私ほど優越主義を嫌う人間はいません。国際社会のみならず国内社会の正義、貧困の格差の絶滅、教育向上、人材育成、福祉の普及、人権を守ることに人生をずっとかけてきたつもりです。いわゆるリベラルで革新的だからこそ、沖縄の革新系の暴力主義や、法律をめちゃくちゃにし、民主主義を破壊し、嘘を言うメディアと戦わなければならないという意志を持っています。

釈　書き込んでいるのは日本人ですか？

エルドリッヂ　イギリス人で、ミッチェル氏と仲がいい沖縄国際大学の准教授です。

彼は、自分はコミュニスト（共産主義者）だと断言している人で、2012年には沖縄タイムスで「平日に普天間を人間の鎖で包囲したり、米兵の基地外での自由を奪ったりしないと、ノーの意思が伝わらない」と、基地の妨害活動を煽っています。

私は、それが非常にひどいと思うんです。なぜなら、日本は民主主義国家だから、日本政府は、自国の利益、自国の法律の手続きをふまえた上で、国会が承認して日米間で安全保障条約を結んでいます。

それに対して、日本政府の厚意で日本にいられる外国人が、国家的な政策、民主主義の手続きをふまえた政策を、批判するだけでなく、違法活動によって妨害までしようとするわけですから。

そして、その記事が沖縄タイムスの1面で絶賛されているという……。

釈　もはや偏向報道どころではなくて、活動家のための新聞になっていますね。辺野古に入り込む外国人の活動家は何が目的なんでしょうか。

エルドリッヂ　目的はよく分かりませんが、思想による国際的な連携ができています。

軍に反対する人たちや、軍に反対はしていなくても、海外に軍を置くことに反対する人たちなど、いろんな考え方があるようですが、一致しているのは、沖縄に基地を置いてはいけないという考えです。

琉球新報と翁長知事の怪しい関係

釈　2015年9月22日に翁長知事が国連人権理事会で演説した際、その演説前のサイドイベントで、先ほどのミッチェル氏と同じ図式ができていました。

琉球新報の潮平芳和《しおひらよしかず》編集局長が翁長知事の隣に座って、「我々は」というスタンスで記者会見をしているんです。メディアというのは、中立の立場でなければいけないので、普通は発信者と向かい合う質問者側に座るはずですが、翁長知事の隣に座っているんです。

さらに、その隣の席には琉球独立派の島袋純《しまぶくろじゅん》氏が座っているという、とんでもない図式になっていました。

エルドリッヂ　それから、翁長知事を挟んで彼らの反対側の端に座っていた女性は、国連の委員会の代表ですが、フィリピン出身の活動家です。彼女は軍の役割さえ認めておらず、どの国の中央政府に対しても反発しています。

前月の8月には翁長知事を表敬訪問して、全面的に協力したいと言っています。これを地元メディアが「国際社会が翁長知事をサポートしている」と大きく取り上げていました。

釈　翁長知事はもうスター扱いされていますよね。

それに、中国が翁長知事のことをよく報道しているんです。だから、中国と沖縄問題の絡みをもっと掘り下げて調べなければいけないと感じています。

エルドリッヂ　面白いのは、翁長知事の演説に対して、我那覇真子《がなはまさこ》氏という名護出身の大変素敵な勇気のある26歳の女性が国連に反論しに行ったことです。

2分くらいの演説で、翁長知事の主張を真正面で否定し、「日本の脅威である中国が沖縄の独立運動を煽動している」と述べたのですが、彼女は本当によく頑張りました。その委員会に出ていた人たちは、みんな彼女の演説に頷いていました。

これは何を意味するかというと、沖縄は、左翼系の同調圧力で正論が言えない社会になっているということ。それから、国連も、中国などの反日勢力による同調圧力があって中国に対する批判をあまり公に言えなくなっているということ。

だから、その委員会では、公には言えないけれども、みんな「よく言ってくれた」と思っていた。沖縄県内でもみんな口に出しては言えないけれども、我那覇氏に対して「よく言ってくれた」と思っていた。

そうした二つの「言えない社会」構造ができています。我那覇氏は両方を突破したのですごいと思います。そういう勇気のある人がいて、本当によかった。

でも、沖縄の保守系のリーダーたちが不在で、26歳の民間の女性が140万人余りの沖縄県民を引っ張らないといけない状態になってしまっていることは反省しなければなりません。いわゆるサイレント・マジョリティは、結局この40年間、何もしてこなかった。勇気を持って大きな声で正論を言うべきでした。

釈　国連の演説では、翁長知事は英語で「沖縄の『自己決定権』がないがしろにされている」と発言しています。この「自己決定権」は通常、「民族自決権」と訳されるので、「沖縄県民は日本人ではない」と言っていることになります（第5章詳述）。さらに先ほどお話しした国連のサイドイベントでは、潮平編集局長が「沖縄はアメリカの領土でもありませんし、日本の領土でもありません」と発言しています。

これらの発言に対し、私たち幸福実現党は、翁長知事と琉球新報に真意を問う抗議文を提出し、沖縄県民に対する訂正と謝罪を求めました。

しかし、「県からの返答は特にありません」と、翁長知事には無視されました。一方、琉球新報はホームページで、潮平氏の発言は言い間違いだったとして、訂正文を掲載しましたが、紙面では掲載しなかったため、インターネットを見ていない人には訂正があったことなど知る由もありません。そもそも、新聞紙面では、潮平氏の発言の問題の部分は報じられておらず、多くの沖縄県民は、潮平氏の発言の内容さえ知らなかったのです。そこで、そのときの動画をインターネット上にアップして拡散したところ、保守派を中心に多くの人たちに知れ渡るようになりました。

メディアに「正義」はあるのか

エルドリッヂ　日本の社会はみんな横を見るので、正しいことを言うには勇気が要りますね。

釈　日本中、同調圧力がありますから。日本人全体が「正しさを追い求めよう」という発想に切り替わらないといけないんです。

アメリカは、政治が方向性を間違えても、間違ったと思ったら、国民からそれを修正しようとする動きが必ず出てきます。私はそういうアメリカのフェアネス（公正）は好きです。

フェアネスを求めるということにおいて、アメリカと日本は歩みをともにしていけるのではないかと思うんですが。

エルドリッヂ　フェアネスは、平等の機会やチャンスを与えるとか、いろんな事情をちゃんと配慮した上で判断するというニュアンスがありますが、これとジャスティス（正義）も必要ですね。

釈　私は、ジャスティスは神の心から来るものだと思っています。だから、人種を超えて通じるものなのではないでしょうか。人を愛することは嬉しいとか、嘘をつくことは悪いとか、肌の色は違っても人類に共通する心こそ、人間が神仏の子であることの証明であり、それが人間の尊厳だと思うのです。

だから、政治における正しさは、宗教による正しさがベースになければならないと思うのですが、アメリカ人にとっての正義というものは、どういう感覚ですか。

エルドリッヂ　宗教や神様から来るものと考える人もいれば、それを認めず、倫理や法律的、政治学的な観点からだけで考える人もいます。後者は、どこかで宗教や神様を切ってしまったのでしょうが、おそらく原点はどちらも同じなのではないかと思います。

釈　アメリカ人はジャスティスという言葉自体は好きですか。

エルドリッヂ　１００パーセントとは言えませんが、好きだと思います。

私も正義でないことは許せません。だから、司令部で権限のある人たちとはちょっとぶつかったりしていました。特に上司は事なかれ主義だったので気が合わなかった。彼は、正しいことを主張して戦うのは面倒くさいし、自分の昇進につながらないという考えの人だったんです。それに対して、私は「司令部の良心」と言われていました。今考えてみれば、それが、互いの摩擦の原因になったり、私がクビになった理由だったかもしれません。

私は、悪は大嫌いですが、同じように、あるいはそれ以上に嫌いなのは、その悪を容認あるいは黙認する周辺の人たちです。

反対運動の映像公開は、警備員や海兵隊や日本政府の名誉を回復するし、それはジャスティスだったと思います。そうした私の考えや行為を、アメリカ人たちのなかには分かってくれている人たちもいれば、分かってくれない人もいるのですが、妻をはじめ、日本の多くの人たちは分かってくれました。

たとえ大変な状況に置かれたとしても、正しいことをするのはジャスティスだと思います。

釈　エルドリッヂ先生がそのジャスティスで、勇気を持って行動したことを、日本人は「青い目の侍」と言って称賛しました。きっとみんなそう思っています。

エルドリッヂ　どれくらい影響を与えられたか分かりませんが、少しでも影響を与えられたならよかったと思います。

地元メディアから大手マスコミへの圧力

釈　沖縄のメディアの偏向ぶりが一気に報道されるようになったのは、エルドリッヂ先生の映像公開以後です。そこから堰《せき》を切ったように沖縄2紙に対する批判の声が高まってきました。

ただ、沖縄のメディアを批判するものの、本土のメディアも官僚化しているので、変わらないところがあります。

おそらく、日本国民としては、メディアを信用できないのは分かったけれども、ここからどうしたらいいのかが分からないというのが正直なところだと思います。

エルドリッヂ　まずは反対派やメディアが言っていることをそのまま信じ込まないで、真実を追究してほしいです。

２０１５年9月上旬、毎日新聞の方と食事をしたんですが、彼が言うには、毎日新聞と琉球新報は提携関係にあり、記者たちを相互に送ったりしているんですが、毎日新聞は琉球新報からプレッシャーをかけられているそうです。

釈　プレッシャー!?

エルドリッヂ　「沖縄問題については、琉球新報寄りの報道をしてほしい」と。そうしなければ、抗議や批判をされるようです。

同じ日に、たまたま共同通信の有名な記者にも偶然会ったんですが、彼も同じことを言っていました。共同通信の場合は記事を売っているので、沖縄タイムスや琉球新報はお客さんになるんですが、日本では「お客さんが正しい」という論理が働いているので、お客さんの言う通りにしなければいけないようです。

私は、毎日新聞の人にも共同通信の人にも、「なぜ反論しないのですか。なぜそれを暴露しないのですか」と聞いたんですが、二人とも「会社の事情でできない」と言っていました。それで、「でも、私は映像を公開して真実を明らかにしたことで犠牲になりました。あなたはそれでいいんですか」と聞いたら、もう黙ってしまいました。二人とも、私の家に来たことがあり、私の家族も知っているのです。私が経済基盤のある生活を失っているのを知りながら、それでも自分たちは行動を起こさないというのは、やはり正義が欠けています。

真実を言ったら、「無知」「暴言」「圧力」「暴走」などと批判されるので、言えない雰囲気になっているんです。だから、彼らはある意味で被害者なので、かわいそうです。

釈　沖縄タイムスは、琉球新報の潮平編集局長が国連のサイドイベントに翁長知事と一緒に出た後から、翁長知事と少し距離を取っているかもしれないという噂もあります。我那覇氏の発言も載せたりしていますが、どう思いますか。

エルドリッヂ　その通りです。例えば、２０１６年2月28日に那覇で我那覇氏がつくった「琉球新報、沖縄タイムスを正す県民、国民の会」主催の私の講演会があったのですが、その次の日にちゃんと記事を載せてくれました。後ろから2枚目の小さい記事だったんですが（笑）。また、同年1月の宜野湾《ぎのわん》市長選のときも、現職が再選したことについての報じ方は琉球新報とだいぶ違っており、より常識的なものでした。ですから、沖縄タイムスにより責任のある新聞になってほしいと期待する人はいます。

しかし、本質は変わらないでしょう。というのは、沖縄タイムスもひどい。沖縄は同調圧力のある社会なので、組合がうるさく、イデオロギー的に狂っている人もいるので、偏向報道は続くでしょう。

忘れてはいけないのは、2015年2月22日のキャンプ・シュワブでの侵入事件の報道は、沖縄国際大学出身の沖縄タイムスの記者によるものであって、それは結局捏造記事でした。その後、沖縄タイムス社から訂正記事も出ていなければ、読者、県民、国民、そして私に対して謝罪もしていないと思います。責任のある新聞社であれば、素直に真実を認めて正しい報道をします。あれから1年も経っていますが、それをやっていないのは、直らない証拠だと考えられます。

沖縄タイムスは朝日新聞と関係があるのですが、朝日は沖縄の新聞に不信感を持ち始めています。私が映像を公開したら、朝日がその報道をしていました。

朝日はこれまで沖縄のメディアに基づいた報道をしていたのですが、あの映像を見て「やられた」と思い、怪しむようになったという噂を聞いています。

釈　さすがに、あそこまで嘘を言って、活動家とべったりしているというのは、日本のクオリティペーパーでは許されないことですからね。

エルドリッヂ　本来であればそうでしょう。やはり、新聞協会は制裁すべきだと思います。彼らが何をしているのか分かりません。さらには、偏向報道を続ける沖縄の2紙を批判した百田尚樹《ひゃくたなおき》氏を警戒、警告していて、正義が180度違っています。

釈　確かにそうですね。百田氏の発言は永田町でも大きな波紋を呼びましたが、日本の政治についてはどう思われていますか?

エルドリッヂ　日本の政治には正義が欠けていると思います。これは原理主義や排斥主義的な意味ではなく、「何が正しいのか」「何が真実なのか」といった、しっかりした指針を持って、ぶれないことが大切だということです。これは政治だけではなく、会社や私生活、教育にも必要なことでしょう。

第2章

普天間神話10の真実

対談

［ロバート・D・エルドリッジ］

［釈量子］

ROBERT D. ELDRIDGE × RYOKO SHAKU

①辺野古住民は基地容認

エルドリッヂ　沖縄問題を勉強していない政府にも大きな問題があります。総理大臣が1年ごとに替わるのに対して、沖縄県知事はだいたい8年間（2期）務めるので、沖縄問題については、どうしても県知事のほうが詳しくなります。そのため、沖縄に対する政府の主張の正当性が弱くなってしまっているのです。

翁長《おなが》知事は「沖縄には民主主義がない」と主張していますが、辺野古の住民は、基地移設を容認しています。民主主義を追究すれば、地元が「移設してもいい」と言っている以上は、それ以外の人たちに発言権はありません。

それに対して、「沖縄県全体は反対だ」と言うのであれば、「日本全体はどうか」ということも考えなければなりません。沖縄の人口は日本全体の1・5パーセントに過ぎないので、日本全体が容認なら、容認でいい。それが民主主義なんですから。

ただ、私は、辺野古という選択はよくなかったと思います。

釈　エルドリッヂ先生は、普天間のままでいいとおっしゃっていますよね。

エルドリッヂ　普天間のままか、勝連《かつれん》半島がいいと提案してきました。

この移設問題は結局、何が問題なのか、何を解決しようとしているのかが分かっていないから、ずっと迷走しているのだと思います。

基地を移設するのは、騒音や安全の問題を解消するためです。それなのに、辺野古に移設すれば、もともと住民がいるところにつくるので、騒音や安全の問題が最初から存在する。施設ができた翌日から抗議の電話がかかってくるのは目に見えています。普天間のように、どんどん引っ越してくる人も増えてくるでしょうし、結局、基地問題の解決策にはならないんです。

しかも、30年もかけて、莫大なお金を使って、環境まで破壊しておきながら、滑走路は普天間の3分の1の長さしか使えません。それでは移設する意味などないでしょう。

②沖縄は地政学的に極めて重要

釈　反対派の人たちは、よく「米軍は朝鮮半島の有事のときに存在しているのであって、抑止力ではない」という言い方をしますよね。

エルドリッヂ　それは150パーセント間違っています。

基地不要論を主張する人たちは、「沖縄じゃなくてもいいじゃないか」と言っているわけですが、地政学的に見た場合、沖縄がベストです。

沖縄の上にXを書くと、そのX上に朝鮮半島、日本本土があり、沖縄からすぐに行けることが分かります（図1）。太平洋諸島にもすぐ行けるし、台湾海峡、フィリピン、少し遠いですが東南アジアも、そのX上にあるので行きやすい。

それに対して、トモダチ作戦のときには東北の人たちを助けたので、「東北に移転すべき」と主張する人がいます。しかし、そうした場合、このXが図2のようなTになってしまいます。つまり、距離が遠くなるので、太平洋諸島、台湾海峡、東南アジ

【図1】

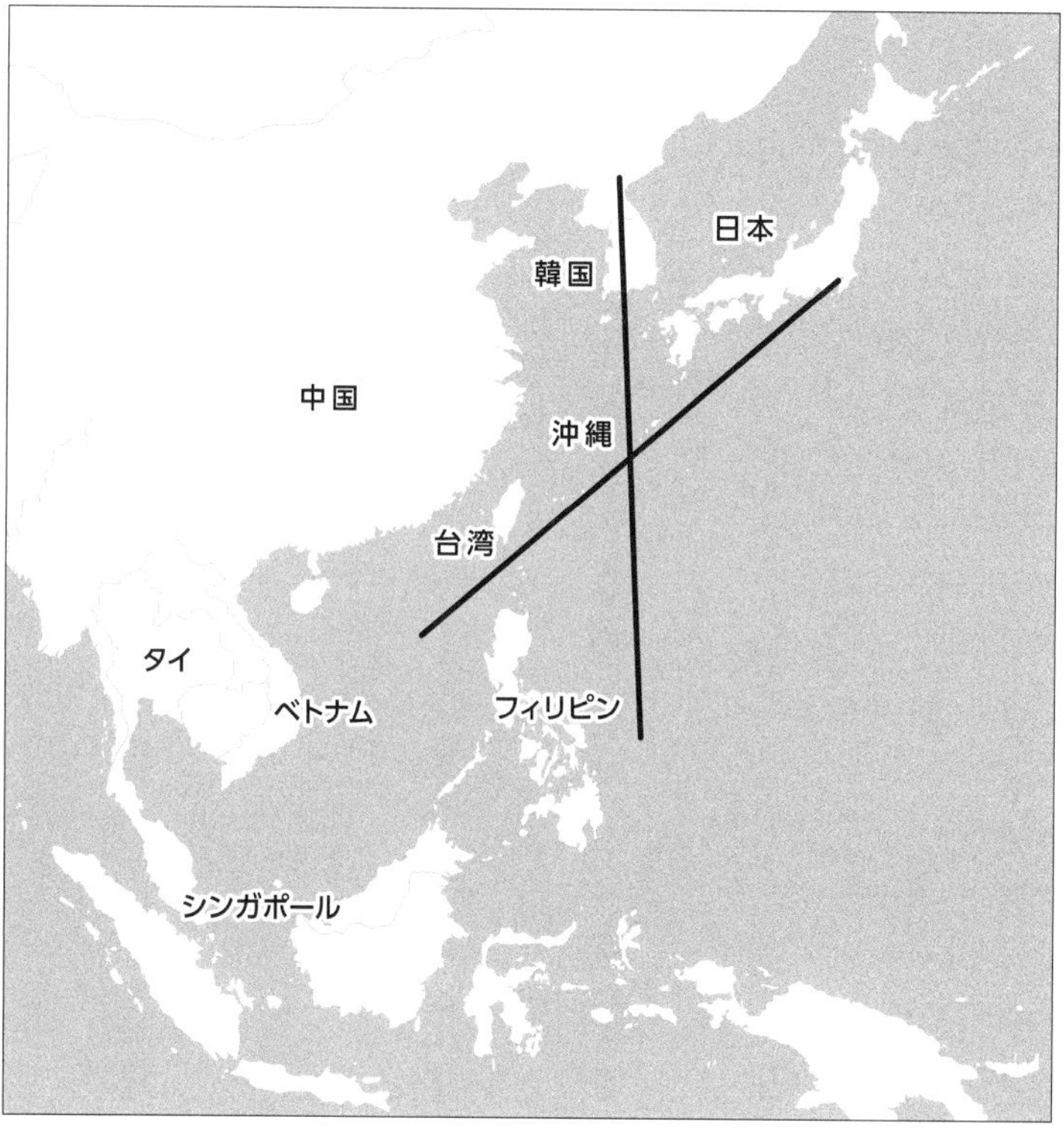

アへの対応が難しくなるんです。
また、「フィリピンに移転すべき」という意見もありますが、その場合は図3のようなTになります。そうすると、朝鮮半島や日本本土が遠くなるので、それぞれの有事における対応が難しくなります。
釈先生がおっしゃった、在沖米軍は朝鮮半島の有事のためのものだと主張する人たちは、「朝鮮半島に移転すべき」と言いますが、その場合、図4のようなTになります。

釈　それに、在沖米海兵隊を国外移転する計画もあります。防衛省・自衛隊の発表では、2020年代前半から約4000名を沖縄からグアムに移転する予定です。また、約5000名をハワイなどに移転する計画もあります。

エルドリッヂ　それらの場合は、図5のようになります。だから、いずれの場所にも速やかに行けるという意味で沖縄がベストなんです。

釈　なるほど。

【図2】

日本
韓国
中国
沖縄
台湾
タイ
ベトナム
フィリピン
シンガポール

【図3】

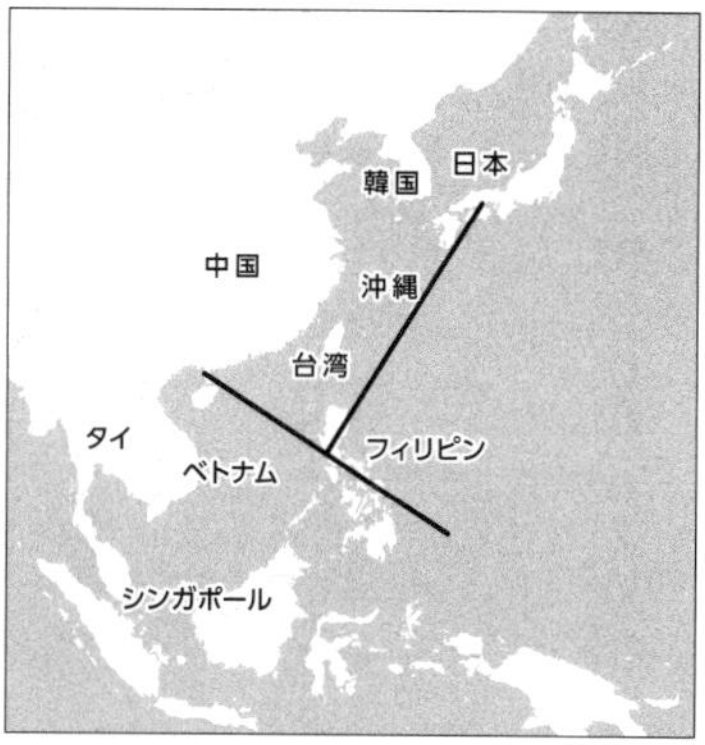
日本
韓国
中国
沖縄
台湾
タイ
ベトナム
フィリピン
シンガポール

【図4】

日本
韓国
中国
沖縄
台湾
タイ
ベトナム
フィリピン
シンガポール

【図5】

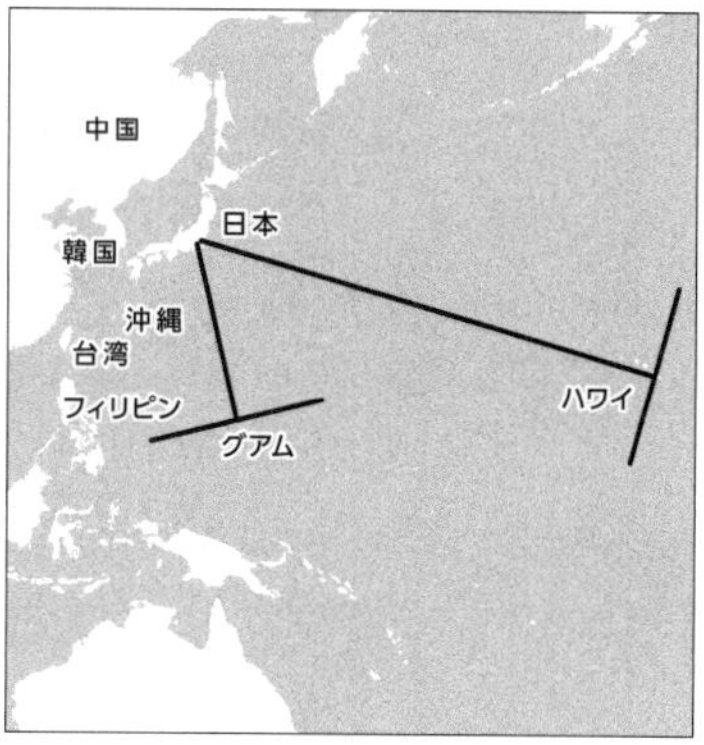
中国
日本
韓国
沖縄
台湾
フィリピン
グアム
ハワイ

③先の大戦では沖縄を守るために戦った

エルドリッヂ　それから、「先の大戦で沖縄は本土から見捨てられた」ということも反対派の人たちがよく言っていることですが、戦後、昭和天皇も日本政府も、連合国の占領から主権が回復したサンフランシスコ講和条約発効のギリギリまで、沖縄も日本の領土として認めてもらえるよう交渉し続けました（第4章詳述）。

釈　戦中も、沖縄を守るために、たくさんの本土の人たちが戦いました。

牛島満《うしじまみつる》中将は沖縄戦が始まる前から県民を疎開させようとしていましたし、その率いる守備隊は、約55万の米軍に対して約12万で抵抗しました。靖国神社の社頭《しゃとう》に掲示された、英霊の遺書や書簡がまとめられている『英霊の言乃葉《ことのは》』には、牛島中将の「矢弾尽き　天地染めて　散るとても　魂かへりつつ　皇国守らむ」という歌が収められています。

また、特攻隊で約3000人が突撃しましたし（菊水作戦）、約3000人の乗組員を乗せた戦艦「大和」も燃料を片道分しか積まず特攻作戦に出ました。

沖縄を守るために全国から多くの軍人が派遣され、そのうち、約6万5000人が戦死したのです。

ほかにも、米軍上陸の3カ月前に官選知事として沖縄に派遣され、疎開の陣頭指揮を執った島田叡《あきら》知事もいます。沖縄への派遣は、当然、死を覚悟した上です。そして島田知事は、県民に「必ず生き抜いて、戦後の沖縄のために尽くしてほしい」と最後まで住民保護に尽くしました（その後、消息不明。一説には、自決したとされる）。

今の日本人には、そうした先の大戦で戦った日本人たちの真実の姿がきちんと伝わっていません。

④「基地があるから戦場になる」わけではない

釈　ただ、「先の大戦は基地があるから沖縄が攻撃されたのであって、アメリカが中国と軍事衝突したら、また沖縄が攻撃される」ということを言う人もいます。

エルドリッヂ　先の大戦で沖縄戦が行われたのは、むしろ基地が少なかったからです。アメリカは台湾か沖縄のどちらかに上陸しようとしていたのですが、台湾は基地が多いので激戦になるのが予想されたため、沖縄に決まりました。

だから、逆に基地がもっとあれば、沖縄戦は避けられたかもしれません。

いずれにせよ、差別ではなく、基地があるからでもなく、500年前にしても、80年前にしても、今日にしても、100年後にしても、沖縄は地政学的に、極めて重要なところであることは変わりないんです。

⑤米軍機の事故による死傷者は0人

釈　基地に関して言えば、普天間は「世界一危険な基地」という神話がありますが、果たしてそう言えるでしょうか。

エルドリッヂ　１９４５年に普天間飛行場ができてから70年間、普天間所属の米軍機の事故によって亡くなった沖縄県民は０人です。怪我した人もいません。

ちなみに、交通事故で亡くなった沖縄県民は、本土復帰した１９７２年から２０１３年までの約40年間で約３２００人です。

釈　それに、本当に「世界一危険な基地」なら、周辺の人口は減るはずですが、基地ができてから、むしろ人口は増えています。

エルドリッヂ　そうですね。１９４６年の宜野湾村《ぎのわん》（１９６７年７月に宜野湾市に移行）の人口は６８２０人でしたが、２０１５年７月時点では９万７０６２人になっています。つまり、この70年間で人口は約15倍も増えているんです。沖縄県内の人口増加率では宜野湾市が一番大きいんです。宜野湾が危険なら、そんなに人口が増えるはずがありません。

⑥海兵隊の犯罪率は低い

釈　沖縄の反基地運動が一気に噴出したのは、1995年の少女暴行事件ですね。これを機に、翌96年4月、普天間飛行場の返還の合意に至りました。

沖縄で海兵隊員二人と海軍軍人一人が女子小学生を拉致・暴行したというニュースは、日本人にとって非常にショッキングで、強烈なインパクトがありました。そのため、今も海兵隊の犯罪は多いというようなイメージが日本人全体にあるかもしれません。

エルドリッヂ　左ページの表を見れば分かるように、海兵隊の犯罪率は実は非常に低いんです。2014年では、沖縄県の刑法犯の人口比率が0・24パーセントであるのに対し、米軍関係者の刑法犯の人口比率は、0・05パーセントです。

ですから、むしろ、米軍関係者の人口を増やせば、沖縄県の犯罪率を減らせるということになります。

【刑法犯の人口比率比較表】

米軍関係者と沖縄県の刑法犯の人口比率の比較

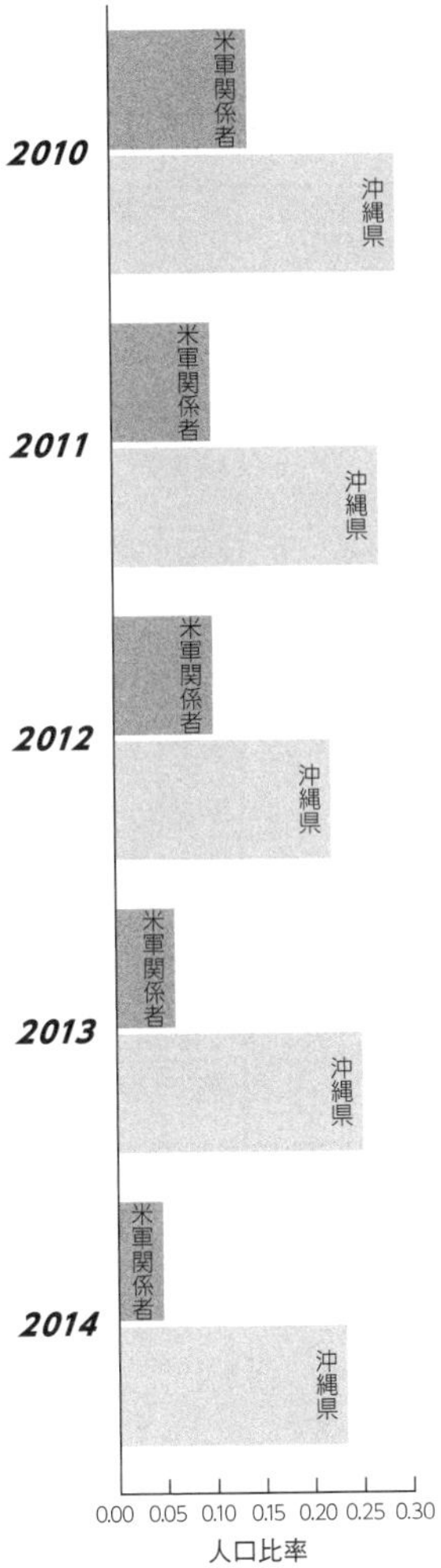

2010年1月1日 ―12月31日
刑法犯（米軍関係者）………71人
米軍関係者の人口比率 **0.14%**

2010年1月1日 ―12月31日
刑法犯（沖縄県全体）………4,086 人
沖縄県の人口比率 **0.29%**

2011年1月1日 ―12月31日
刑法犯（米軍関係者）………51 人
米軍関係者の人口比率 **0.10%**

2011年1月1日 ―12月31日
刑法犯（沖縄県全体）………3,823 人
沖縄県の人口比率 **0.27%**

2012年1月1日 ―12月31日
刑法犯（米軍関係者）………54 人
米軍関係者の人口比率 **0.10%**

2012年1月1日 ―12月31日
刑法犯（沖縄県全体）………3,218 人
沖縄県の人口比率 **0.22%**

2013年1月1日 ―12月31日
刑法犯（米軍関係者）………38 人
米軍関係者の人口比率 **0.07%**

2013年1月1日 ―12月31日
刑法犯（沖縄県全体）………3,607 人
沖縄県の人口比率 **0.25%**

2014年1月1日 ―12月31日
刑法犯（米軍関係者）………29 人
米軍関係者の人口比率 **0.05%**

2014年1月1日 ―12月31日
刑法犯（沖縄県全体）………3,381 人
沖縄県の人口比率 **0.24%**

（出所：在日米海兵隊ホームページ）

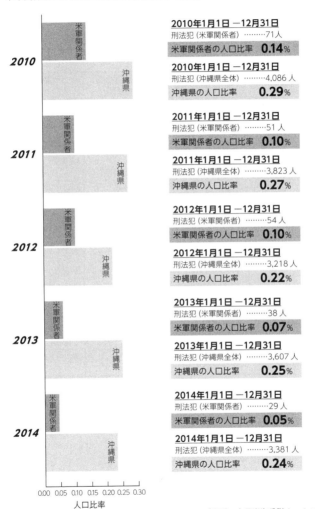

【最高刑比較図表】

犯罪	日本刑事司法制度 最高刑	米国司法制度 最高刑	軍事司法 統一法典
殺人	死刑、 または終身刑	死刑、 または終身刑	死刑、 または終身刑
強姦	懲役 20 年	終身刑	死刑、 または終身刑
誘拐	懲役 10 年	死刑、 または終身刑	終身刑
傷害	懲役 15 年	懲役 20 年	懲役 5 年
不法侵入・住居侵入	懲役 1 年	懲役 6 ヶ月	懲役 5 年
窃盗	懲役 10 年	懲役 10 年	懲役 10 年
器物損壊	懲役 3 年	懲役 10 年	懲役 10 年
銃器不法所持	懲役 5 年	懲役 5 年	懲役 1 年
飲酒運転	懲役 3 年	懲役 6 ヶ月	懲役 6 ヶ月
大麻の所持・ 譲り受け渡し (営利目的)	懲役 7 年	懲役 8 年	懲役 5 年
姦通	なし	なし	懲役 1 年
任務放棄	なし	なし	終身刑
指令違反 (外出禁止令)	なし	なし	懲役 5 年
	(刑法、道路交通法、大麻取締法、銃刀法、麻薬および向精神薬取締法)	(米国法典)	(軍事司法統一法典)

(出所：在日米海兵隊ホームページ)

ちなみに、海兵隊が罪を犯したときの刑罰はたいてい、日本の刑罰より厳しい。右ページの表のように、例えば強姦なら、日本では懲役20年で済みますが、米軍では死刑、または終身刑になります。

釈 そうなんですか。日本より刑罰規定が厳しいという話は、日本国内ではほとんど聞きません。

⑦沖縄にある米軍基地は23〜24パーセント

釈 驚いたんですが、最近では、沖縄タイムスや琉球新報などのメディアが、普天間から辺野古への「移設」を辺野古の「新基地建設」と言うようになっていて、あたかもまったく新たに基地をつくるかのような報道を意図的にしています。

実際は、辺野古のキャンプ・シュワブに普天間飛行場の代替施設を建設するのであって、新たにつくるわけではありません。ですから、こうしたメディアの報道には気をつけなければいけないと思います。

また、反対派の人たちは、「日本全体の0・6パーセントの面積しかない沖縄が、在日米軍基地の74パーセントを引き受けている」とよく言っていますね。

エルドリッヂ　この主張は、二つの意味で間違っています。

まず、日本にある米軍の施設には3種類あります。（1）米軍が訓練のためや駐屯地として単独で使用している専用施設、（2）米軍が管理はするけれど、自衛隊と共同で使用する施設、（3）自衛隊が管理して、米軍が時々一緒に使用する施設。

これら3種類を合わせて「米軍施設」と呼ばれるのですが、その数字は、実は釈先生が引用した数字と正反対になります。つまり、日本にある米軍基地の23～24パーセントしか沖縄にはありません。

釈　それでは、事実はまったく逆ですね。

エルドリッヂ　もう一つは、（1）の「米軍専用施設」だけで考えた場合です。その場合は、2007年までは74パーセントだったかもしれませんが、2008年から中部訓練場の3分の2が自衛隊と共同使用になっているので、そこを引いたら、62パーセントになります。

さらに、1996年にSACO（沖縄に関する特別行動委員会）で普天間の返還とともに、北部訓練場の51パーセント部分の返還も合意されています。ところが、反対派の妨害活動によって、移設に伴うヘリポートの建設が進んでいないため、返還できないでいるんです。それが実現できたら、先の62パーセントが49パーセントに下がります。そして、その他の合意されている基地の返還も実現できれば、42パーセントくらいになります。

ところで、いわゆる専用施設のほとんどは、実は何らかの形で共同使用しています。自衛隊だけではなく、国の機関、沖縄県庁、電力会社などの民間、地方自治体、そして個人とも共同使用しているんです。言ってみれば、専用施設の概念そのものはなくなっています。

また、別の観点から言えば、国連軍の指定施設が日本には8カ所あるんですが、そのうちの三つは沖縄の普天間、嘉手納《かでな》、ホワイトビーチです。つまり、それ以外の五つは本土にあるので、国連軍指定施設の約63パーセントは本土にあります。
さらに、米軍の飛行機は、85パーセントが本土にありますし、私の尊敬する自衛隊は、約97パーセントが本土にいます。

⑧基地がある市町村のほうが発展している

釈 反対派、特に翁長知事は、米軍基地が沖縄の経済発展の最大の阻害要因だと強く主張していますが、その点については、どうですか。

エルドリッヂ 「この土地を使いたいけれど、米軍がいるので使えない」という場合は弊害になっていると思います。ただ、そういう特定の事情以外は、その議論は当てはまらないのではないでしょうか。
なぜ、その議論を翁長知事が一番うるさく言っているかというと、彼は那覇出身なので、「基地が返還されたら発展する」といういい例を見ているからです。

釈　那覇市では、北部の米軍牧港《まきみなと》住宅地区が１９８７年に全面返還され、現在では、那覇新都心として、マンションやショッピングモールが建設されて再開発が進んでいますね。私も先日行ってきましたが、若い人や家族連れで大賑わいでした。

エルドリッヂ　那覇は県庁所在地であり、人口も一番多いので、開発されるのは当然と言えます。ただ、ほかのところでは、基地がなくなったからといって、同じように開発が進むわけではありません。

那覇以外では唯一、私が住んでいる美浜《みはま》が返還後の発展に成功していますが、なぜかというと、「アメリカン・ビレッジ」というタウンリゾートになったからです。ここは、昼夜問わず、地元の人たちや観光客で賑わっているのですが、近くに嘉手納基地やキャンプ・フォスターがあり、米軍関係者もよく利用するので、アメリカ人とも交流できるという点が人気の理由の一つのようです。つまり、基地があることは、弊害ではなく、刺激になっています。

もう一つ成功しそうなところは、米軍施設のアワセゴルフ場のあった北中城村《きたなかぐすくそん》にあるイオンのショッピングセンターです。そこは基地が返還されて、２０１５年春にできたのですが、今は米軍関係者も多数行っていて賑わっています。ただ、一方で、美浜にもイオンのショッピングセンターがあるのですが、そちらはガラガラになりました。

結局、市場が狭いので、新しいものができれば、ほかのところから吸収されてしまうだけなんです。だから、基地返還前より実際には発展しているとは言えません。そこで、沖縄にとって、海外からの観光客が重要になってきますが、格安のプランでマージンが少ないため、ホテルなどは困っているところもあります。また、賃金が上がったり、県民一人ひとりが豊かになったりしているとは思えません。レンタカーが爆発的に増えて、道が以前より渋滞だらけになって困っている人は多い。

釈　沖縄本島中、一人当たり市町村民所得（２０１２年度）で上位を占めるのは、すべて基地のある市町村です。１位は嘉手納町、２位は美浜のある北谷町《ちゃたんちょう》ですが、それぞれ、米軍の基地面積が町の面積の約82・5パーセント、約53パーセントを占めています。この数字から考えると、基地が沖縄の発展を阻害しているとは言えないのではないかと思います。

⑨オスプレイは安全性の高い機体

釈　ところで、2012年にオスプレイが配備された頃から、他の地域から車で通ってくる、いわゆる「プロ市民」の方々が、米軍基地の前で毎日、通勤してくる米軍の方たちに「マリンアウト！」などと罵声を浴びせ続けていますよね。

エルドリッヂ　そうした活動家の人たちは、オスプレイの配備も「差別」だと言いますが、沖縄に配備するのは差別ではなくて「戦略」です。先ほども説明したように、沖縄は地政学上、非常に重要なんです。

開発中に事故があったので、あたかも安全性が確保されていない欠陥機だと決めつけるような報道がされてきましたが、オスプレイは海兵隊が保有する回転翼機のなかでも、重大な事故が最も少ない安全性の高い機体です。

それまで配備されていたCH46に比べて3倍の搭載能力があり、航続距離も4倍あります。訓練中に頻繁に飛行場に戻る必要がないので、県外での訓練も自力でできます。そうすれば、普天間での運用回数が減り、騒音等の被害の軽減にもなるんです。

それに、オスプレイの垂直離着陸能力、水平飛行時速度、航続距離、輸送力は、6500以上の島からなる日本にとっては大変有益です。日本の領土の防衛に飛躍的に役立ちます。

⑩反対運動をしているのは「プロ市民」

釈　それから、オスプレイの反対だけでなく、沖縄で反対運動を行っている大半は、実際は地元の人たちではなく、他県から来た応援部隊やプロ市民なんですよね。

翁長知事は「沖縄の民意」と言って、あたかも地元の人たちがみんな米軍基地にノーを言っているように印象づけていますが、実際のところは違います。

エルドリッヂ　先ほども話題に出たように、反対運動には記者や外国人も入っていて、彼らはお金までもらっています。

この反対運動の資金がどこから来ているかというと、中国という話もありますが、実は納税者からです。つまり、普天間基地の騒音被害等に対して国が補償金を支払っているわけですが、その補償金が彼らの資金になっています。そして、そのお金は当然、国民の税金です。

選挙部隊化している反対運動

エルドリッヂ　さらに、反対運動は選挙部隊にもなっています。

次ページの写真は、逮捕された山城《やましろ》氏が、2013年の参院選で出していたポスターです。選挙は７月でしたが、４カ月も前の３月にすでに貼られていました。
ポスターには、政治活動用ポスターと選挙運動用ポスターがありますが、このポスターは、「山シロを参議院へ」と書かれているので、特定の選挙を指したもので、選挙運動用ポスターとみなされます。選挙用ポスターは選挙期間中にしか貼れず、事前運動とみなされるので、明らかに選挙違反です。

ほかにも、自分を支持する人のポスターも選挙のかなり前から貼ったり、相手候補のポスターを破ったりしています。

彼は今、過激な反対運動をしていますが、そうして注目を集めて、また立候補するのでしょう。２０１３年の選挙のときから、すでに反対運動を選挙活動の母体として使っていて、反対運動の人たちは、辺野古移設だけではなく、安保や自衛隊など、もう何でも反対しています。

選挙違反の山城氏のポスター

左下の写真は、ある新聞広告ですが、「金秀《かねひで》グループ」という企業グループが翁長知事を全面的に支持しています。金秀だったと思いますが、入社した人たちに、辺野古基地や反対運動を見学させ、研修を受けさせています。思想的に支持していない人でも強制的に参加させられます。また、こうした雰囲気のなかでは、「政治に関心がない」「日米同盟を支持している」や「県内移設は賛成」などは言えないでしょう。言えば、社内でいじめに遭ったり、出世できなくなったりすることは、同調圧力の激しい沖縄では簡単に想像できます。

釈　活動家の人たちの目的は何ですか。

エルドリッヂ　一般の参加者は、イデオロギーで活動しているのかもしれませんが、だまされています。一番中心になっている指導者は利権で動いているのでしょう。彼らはお金をたくさんもらっていますから。それから、今お話ししたように、

金秀グループの新聞広告

少なくとも山城氏は将来政治家になろうと狙っているので、政治活動・選挙活動の母体にしているんです。

釈　海兵隊の方々は、反対運動をされ続けて、嫌になったりしていないですか。

エルドリッヂ　嫌になっている人もいると思うんですが、反対運動の人たちが日本全体を代表しているとは思っていませんから、過激派と日本国民を分けて冷静に見ています。

ただ、日本政府が、なぜ反対運動の暴力的な違法活動をあそこまで許しているのかが分かりません。反対運動は２０１２年から本格的になってきているので、その２０１２年の段階で対応しておけばよかったんですが、日本の警察はあまり独立心がなくて、政治指導の下でやっているので、放任し続けてきました。

アメリカ人からすれば、法律を破っている人たちが、反政府運動や反基地運動をしても許されるという不公平性は理解しにくいです。

対談
［ロバート・D・エルドリッヂ］
［釈量子］

沖縄の平和を守るために

第3章

ROBERT D. ELDRIDGE × RYOKO SHAKU

人権問題化されつつある沖縄問題

釈　今後の沖縄のシナリオはどうなると思いますか。

エルドリッヂ　もう想像できません。沖縄問題については、御用学者たちがみんな、先ほどの普天間神話のような同じ嘘をついていますから、まずはそれを真正面からつぶさないといけません。大げさな嘘や勝手な解釈で議論するのではなく、客観的な事実に基づいて議論するべきです。

釈　韓国の辛淑玉《シンスゴ》氏が、２０１５年11月９日付の琉球新報のインタビューで、「沖縄はいつも国家、つまり上からのレイシズム（人種差別）にたたかれてきた」と述べているんですが、沖縄は独立するために、「戦うエネルギーが10あるなら、その８を国際社会への働き掛けに使う方が効果的だ。徹底的にロビー活動をして、米国の世論や地方議会を味方に付ける」と宣言しています。

エルドリッヂ　彼らはまさにそれをやっています。

釈　「沖縄発のネットメディアを持ち、今の状況を絶えず可視化して窮状を世界に訴える」と、今度は沖縄の問題を世界の人権問題にまでしようとしています。

エルドリッヂ　「今度」じゃない。すでにそうしています。

釈　実は、2016年2月15、16日、私はスイス・ジュネーブの国連欧州本部で開催された「女子差別撤廃委員会」に参加してきました。そこに、「沖縄独立」を訴えている沖縄社会大衆党の糸数慶子《いとかずけいこ》議員も来ていました。

1月27日付の琉球新報には、糸数議員が「日本女性差別撤廃条約NGOネットワーク（JNNC）」の一人として、「いかに女性の人権が侵害されているか。世界に伝えたい」と語り、「性暴力や貧困など沖縄の諸問題の根っこには米軍基地の存在があることを説明する予定」と書かれていました。

日本検討会で糸数議員をお見かけしましたが、アイヌの民族衣装を着た方々や、女子差別撤廃委員会の鄒暁巧《ゾウシアオチアオ》副委員長（杉山審議官の慰安婦発言に対して強く抗議した中国系委員）と写真を撮っていました。熱心に動いておられるのは確かです。

沖縄はどうなるのか

エルドリッヂ　２０１４年から私は、２０１６年のアメリカ大統領選には沖縄の問題が出ると思うと述べています。１９７６年には、カーター候補が「米軍は韓国から撤退すべき」と主張して当選しましたが、それと同様に、「在沖米軍の大幅な削減」を主張する候補者が出てくるでしょう。もうすでに共和党の候補者が予備選中、在日米軍の削減ないし撤退について言及したと報道されています。

そうして沖縄から米軍を追い出す、あるいは無力化することこそ、まさに翁長《おなが》知事が目指している「平和の緩衝地帯」です。いや、翁長知事というよりも、中国が目指しています。

中国海軍の艦艇は頻繁に尖閣諸島付近を航行しています。これはとても危険な状態です。

釈　領土問題ということで言えば、北方領土は70年経った今でも返ってきていないのですから、尖閣諸島も一度取られたら返ってくるはずがありません。

２０１６年２月には、中国は「中国の固有の領土」と主張して、西沙諸島に地対空ミサイルを配備しました。

エルドリッヂ　それから、南シナ海の南沙諸島でも大幅な埋め立てを行っていますが、すでに大きな飛行場をつくって軍事化しています。彼らの視野には、尖閣諸島も入っているのは明確です。だから、絶対に尖閣諸島を中国に取らせてはいけません。

釈　アメリカが南シナ海に軍艦を航行させる「航行の自由」を展開していますが、軍事評論家の平松茂雄《ひらまつしげお》先生は、「南沙諸島に滑走路ができたことで、中国は、もう第二列島線、つまり西太平洋のほうまで出てこられるようになっている。そこで今はオーストラリアを狙っている」とおっしゃっていました（次ページの図参照）。現に、２０１６年４月１日付産経新聞で、オーストラリアの米海兵隊の駐留拠点にほど近い港湾施設を、中国企業が99年間貸与する契約を締結したと報じていました。この中国企業は、中国軍とのつながりも噂されています。

結局、日本は47都道府県のみなさんが、沖縄の基地問題で翻弄されています。だから、やはり政府が責任を持たなければいけないと思います。その政府が民意を反映していないというのであれば、代わりの勢力が出てこなければいけないと思うんですが……。

エルドリッヂ　それが民主主義ですね。

釈　民意が反映されているのであれば、政府の方針に反することを一知事がやっていいのかどうか、政府は指導しなければいけないでしょう。

エルドリッヂ　私はこれまで沖縄の研究者として、「沖縄の声をもっと聴くべき」と

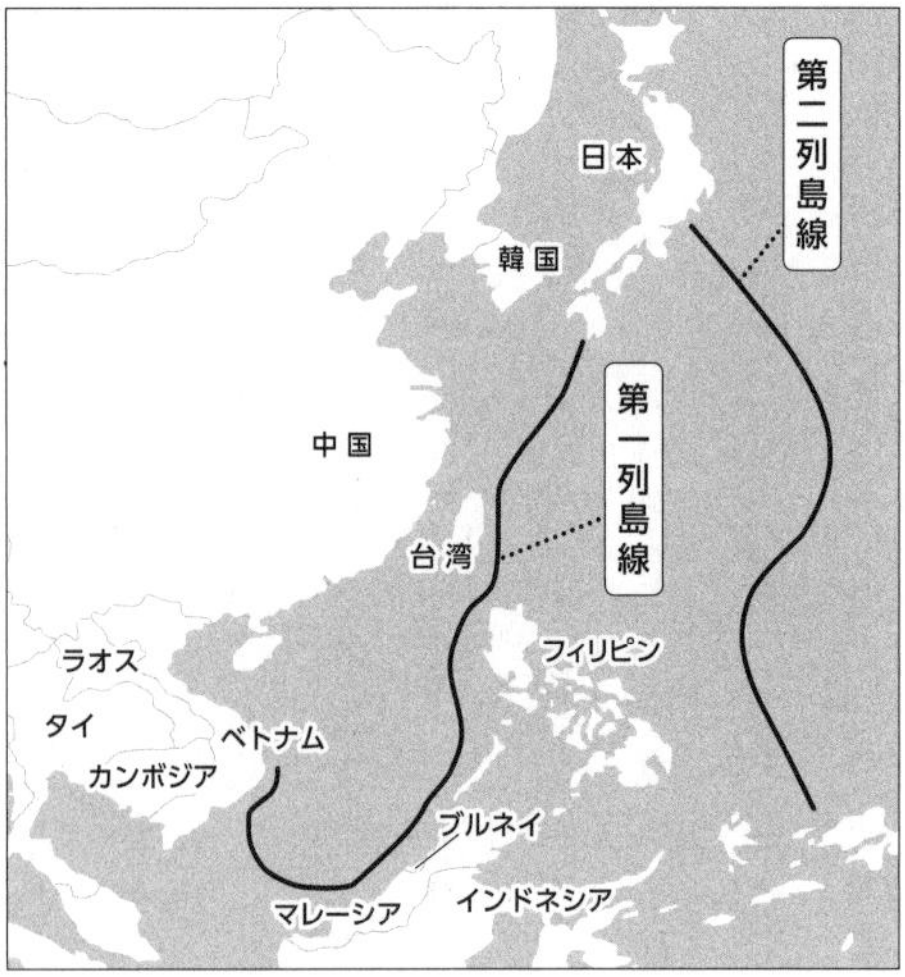

中国が主張する第一列島線と第二列島線

言ってきました。本土はあまりにも沖縄に対して無関心というか、無知です。それで結局、モンスターをつくってしまった。

釈　まさにモンスターですね。

エルドリッヂ　沖縄では被害者意識があまりにも強いのですが、彼らは逆にそれを利用しています。政府が沖縄と異なる意見を持ったら、無知とか差別とか非民主主義と言うのですが、そうした姿勢はあまりにも子供っぽいと思います。

政府は国全体を見ているので、当然沖縄と異なる意見も出てきます。なぜ沖縄は本土の意見を尊重できないのでしょうか。いつも沖縄の一方的な主張を飲み込めと言うばかりで、政府を批判するわけですが、政府が同じことをしたら「暴言」だと言います。真実を伝えても、彼らにとっては「暴言」です。

政府と沖縄の関係は非常に変な構造になっているので、ちゃんとした誠意のある関係にしていかなければいけないと思います。

在沖米軍の覚悟――「Fight Tonight」

釈　安全保障関連法が成立して、集団的自衛権の行使が可能になったことで、アメリカの戦争に日本が巻き込まれるのではないかと騒いでいましたが、むしろアメリカ人の汗と涙に目を向けなければいけないのではないでしょうか。アメリカの若い人たちが本国を離れて遠い沖縄に来て、朝鮮半島の有事や中国の動向に目を光らせ、地震や津波のような災害が日本で起きたときには救援活動を行っています。朝鮮半島も〝戦争前夜〟です。また、4月14日に発生した熊本大地震では、海兵隊のオスプレイ8機が救援活動を行いました。これらのことを日本人はもっとよく考えなければいけないと思います。

エルドリッヂ　2015年11月10日は、海兵隊創立記念240周年の日で、海兵隊はみんなお休みだったのですが、私がちょっと散歩をしていたところ、ある夫婦が私の前をジョギングしていたんです。その男性は海兵隊の地上部隊の方だったんですが、彼のシャツの後ろに「Fight Tonight」と書いてあったんです。つまり、「命令が来たら、今日でも派遣される準備をしている」という意味です。
　在沖海兵隊は、地球面積の52パーセントをカバーしているのですが、彼らはその文字通り、本当にいつどこに派遣されるか分からないので、常にその覚悟をしています。
釈　オスプレイが配備された頃、プロ市民が米軍の方に対して罵声を浴びせ始めたのに対し、私の友人が米軍の方に「おはようございます」と心からの笑顔で手を振る運動を始めました。「ハートクリーンプロジェクト」と名付けたそうです。そうしたら、初めてそれを見た米軍の方がわざわざ車から降りてきて、涙ながらにハグしたそうです。そうした心の交流をもっともっと深めていきたいなと思っています。
エルドリッヂ　実は、良心のある県民はたくさんいます。毎日、米軍に「出て行け」とヘイトスピーチをしているプロ市民のなかには、お金をもらってやっている県外の人たちも入っています。そうしたプロ市民に対して、本当の地元の人たちは「出て行け」と言っているんです。

釈　沖縄に行くと、米軍やオスプレイの撤退を訴える横断幕がいたるところに張られていますが、その数があまりにも多いので、幸福実現党では、それに対して「米軍ありがとう」という横断幕を張る感謝の活動をしました。

エルドリッヂ　そのように、米軍に対して「沖縄を守ってくれてありがとう」と言ってくれていますが、私からすれば、そうした人たちが米軍を守ってくれていると感じ、感謝しています。

先日、16年前に沖縄で心臓発作で亡くなった大佐の奥さんからメールが届きました。その大佐はとても沖縄が好きで、キャンプ・キンザーという牧港《まきみなと》補給地区（沖縄県浦添《うらそえ》市）の司令官をやっていました。

彼が、亡くなったときに目と腎臓を臓器提供したので、それについて、その奥さんにいろいろ質問をしていたのです。それに対する返信で、彼女はこう送ってきてくれました。「主人は、沖縄のことを深く愛していた。海兵隊も好き。けれども沖縄県民のことも好きだった。死ぬのなら、沖縄で死にたかった」

釈　「沖縄で死にたい」なんていう大佐がいらっしゃったということを日本人は知らないといけないですね。

エルドリッヂ　こうした海兵隊と沖縄県民の心の交流の話は、いくらでも語れるんですが、私が海兵隊を離れた後は海兵隊でそういうことをちゃんと語れる人がいないのが残念です。

本当の海兵隊の姿を知ってほしい

釈　エルドリッヂ先生が海兵隊に入ったのはなぜですか。

エルドリッヂ　うーん。一番の大きな理由は、海兵隊についてよく書かれているものがほとんどなく、バッシングばかりされていて、彼らが困っていたからです。今は評価されることもあって、雰囲気的にだいぶよくなってきている気がしますが、以前は、「海兵隊は要らない」という不要論ばかりで、嫌な存在とされていました。

でも、不要論で描かれている海兵隊像は本当の海兵隊とは違っていました。だから、本当の海兵隊の姿を誰かが紹介しなければいけないはずなのに、海兵隊は、日本語能力もないし、海兵隊自身がそれをするのは難しかった。その頃の海兵隊には、広報とか外交とか、そういう概念がなかったんです。

実は、革新系の学者やメディアに影響されて、私も当時は沖縄に海兵隊は不要だと思っていたんですが、海兵隊の方が一生懸命私を説得するので、かわいそうだなという気持ちになって、彼らを助けたくて海兵隊に移りました。

それに、その頃、私は大阪大学で仕事をしていましたが、41歳になろうとしているところで、何か物足りなさを感じていました。大学が学生を教育しようとしていないし、学生も勉強しようとしていなかった。大学は十分に社会還元しようとしていない。改善しよう、改革しようとしていない。だから、「これからもう一仕事しようというときに、仕事をちゃんと評価しようとしないところには、もういられない。より満足する仕事をしたい」と思ったのもあります。

釈　本当に国際的にいろんな経験をされていますよね。私たちは同年代ですが、こんなに違うのかと思うことが多いです。

組織の論理に巻かれずに、正しいことを貫くというエルドリッヂ先生の姿勢は、実に立派です。

エルドリッヂ　楽な生き方はあまりしたくないんです。人生は一度きりだから、精一杯、世界をよりよくして残したい。

私は海兵隊の司令部のなかでは、正義感を持って、弱い立場の人たちの分まで戦っていたんですが、今は私のようにファイトする人がいなくなってしまって、ちょっとかわいそうだなと思っています。

「日本は運命共同体」

釈　エルドリッヂ先生は、どうしてそこまで日本に思いを入れてくださるんですか。

エルドリッヂ　26年間お世話になっているので恩返しの気持ちです。日本に来て日本のことを知るまで、日本についてあまりにも無知だったので、もっと知りたいという気持ちもあります。

それから、やっぱり日本のことが好き。日本人が好き。ある意味では、運命共同体と思っています。

釈　運命共同体？

エルドリッヂ　先の大佐のように、何があっても私は日本に残りたい。他国から攻撃されても日本人と一緒に戦うつもりだし、震災があっても一緒に体験し、その対応に関わるつもり。

釈　エルドリッヂ先生は、東日本大震災では、「トモダチ作戦」を起案し、海兵隊として被災者の救援や被災地の復旧に尽力してくれました。

エルドリッヂ　あのときも、いろんな問題があったけれど、私にとって、救援に行っていた仙台をすぐに去るということは考えられなかった。

それから、「日本人が忘れた日本」、あるいは「日本人が知らない日本」を紹介できたらいいなと思っています。地方を訪問して、その地方を紹介するのがすごく好きです。特に、日本人があまり行けなくなっているところに行くのは好き。この2年間余り、恵《めぐみ》先生と沖縄の離島の研究をしています。地方史は国の歴史に影響するし、国際的な歴史にも影響するんです。

また、東日本大震災で大きな被害を受けた町の一つである宮城県気仙沼《けせんぬま》市の離島・大島について、今、本を書いています（『大島と海兵隊の物語』2016年4月）。トモダチ作戦の舞台裏だけではなく、日本国民が知らない地域の一つを紹介しています。

釈　アメリカよりも日本に思いを入れてくれているんですか。

エルドリッヂ　まあ、国への忠誠心はアメリカにあるけれど、気持ち的には日本にコミットしています。それに、アメリカは大丈夫だけど、沖縄の問題にしても、今の日本は危ない。日米戦争が起こらない限り、日本にコミットします。

釈　エルドリッヂ先生は、いつも「救いたい」という思いで行動していらっしゃるんですね。

エルドリッヂ　人を助けたいと思うから。私は、どちらかと言えば少し貧乏な家で育ったので、経済的には恵まれていなかったのですが、家族の愛に恵まれていました。それに、とてもいい地域で育ったので、近所の人たちからもたくさんの愛情をもらいました。だから、今度は自分が世界に恩返ししたい。

ちなみに、近所に住んでいたみんなはすでにあちこちに散って離れてしまいましたが、40年経った今でも連絡を取っています。そういう関係はすごく珍しいと思います。

釈　いい友達関係が築けているんですね。

「軍＝悪」なのか

釈　アメリカと日本も、「トモダチ作戦」という言葉が象徴するように、本当の友達としての付き合いをしなければいけないと思います。

エルドリッヂ　多くの日本人は、トモダチ作戦が行われたのは同盟関係があったからだと思っていますが、あの作戦は同盟とは関係ありません。友達だから支援したんです。ただ、もし同盟関係がなければ、米軍はそもそも東アジアに前方展開、前方駐留していないので救援できませんし、あれほど自衛隊との緊密な関係もつくれていませんでした。

だから、軍は悪いことではなく、いいこともあります。いや、いいことばかりだと思います。同盟関係がなければ、日本は孤立してしまって、他国から攻撃されたり、震災が起きたりしても、アメリカは救援できません。

釈　日本では、軍事が関わってくると、途端に話ができなくなります。「軍＝悪」と思っている人もいるくらいです。基本的に日本の大学には軍事学がありませんから。

エルドリッヂ　新潟大学が２０１５年10月に軍事研究を禁止しました。その規範には、「科学者は、その社会的使命に照らし、教育研究上有意義であって、人類の福祉と文化の向上への貢献を目的とする研究を行うものとし、軍事への寄与を目的とする研究は、行わない」と記載されているのですが、これは、「軍によるいいことは生まれない」という、あまりにも無知な発想です。

釈　中国は、ウイグル、チベット、内モンゴルを侵略し、自治区として編入して武力弾圧を続けていますが、そうした問題を見ても、人間の野蛮性が抜けない限り、平和を維持する上では、悪を犯させないための軍というものは必要だと考えます。

エルドリッヂ　それに、軍はいいこともやっています。戦うだけでなく、人道支援、救援活動など、人間の安全は最終的には軍によって保障されています。

大きな災害があったとき、誰が空港や港を復旧するのでしょう。最終的には民間に任せることもできるかもしれませんが、民間が機能するまでには、1カ月や2カ月、あるいは半年以上かかります。もし、政府さえも機能していなければ、誰が秩序を守るのか。NGOやNPOではできないんです。

だから、軍抜きの議論は、本当にファンタジー（幻想）でしかありません。

釈　確かに、武器を持つことがいけないというのであれば、警察も要らないのかという話になりかねません。

エルドリッヂ　軍と警察は、同じ役割を果たしています。警察は国内的だけど、軍は国際的というだけです。つまり、軍は国際社会のなかの警察です。

もし警察がいなければ、悪い人が遠慮なく、いろんな悪事をするでしょう。でも、警察がいれば、やはり行動を自制します。例えば、パトカーがあったら、車の速度をいきなり落とすこともありますよね（笑）。それが自然な反応です。だから、パトカーがあるということが抑止力になっています。

国際社会においては、他国を攻撃したり侵略しようとしたりすれば、軍が出てきて抑えられるので、そういうことはしないほうがいいということになります。

日本人よ、勇気を持って立ち上がれ！

釈　ところで、海兵隊にいらっしゃったときも、沖縄の選挙は見られていましたよね？　２０１０年から何度か幸福実現党から金城タツローさんが出ていたのもご存知でしたか。

エルドリッヂ　もちろん。すごいなあと、みんな注目していました。やっぱり一番注目されたのは、２０１０年の知事選でしたね。

釈　金城さんは一人で立ち上がって、これまで何度も、米軍基地の県内移設や先島《さきしま》諸島の自衛隊配備などを訴えて選挙を戦ってきましたが、本当に大変な戦いでした。私たちも沖縄で真実を言うのは本当に難しいと実感していますので、エルドリッヂ先生は、日本にとって欠かせない存在だと思います。

エルドリッヂ　沖縄のメディアにとっては、不都合な存在（笑）。

釈　（笑）まだ当選には至っていませんが、私たちは今後ももっと沖縄のことを勉強していきたいと思います。そのためには、一次資料に当たること、現地をしっかり歩くこと、それから、現地の話をしっかり聞くことが大事だと、いつもエルドリッヂ先生はおっしゃっていますね。

エルドリッヂ　現地に行く人たちは多いんですが、結局、反対派の人たちの話しか聞けないから、報道に不公平が生じています。

政府の人たちは、本当のことを言ったら、〝問題発言〟として取りざたされかねないので、何も言えない状態になっています。それに対して反対派の人たちは、アピールしたいので、いろんな人たちに会って無責任に好きなことを言っているんです。

釈　そうですね。正しいことを言えず、「表現の自由」「言論の自由」がありません。

エルドリッヂ　2015年4月に、島尻安伊子《しまじりあいこ》氏が沖縄県連会長に就任したときに、反対運動について「責任のない市民運動」と言ったことで、バッシングを受けていました。

彼女が言おうとしたのは、「反対派で主張している人たちは、勝手に組織のリーダーになっているだけで、誰からも投票されていないし、説明責任もないし、透明性の義務もない。でも、選挙で当選した人は、公務員として、それらの責任や義務がある」ということで、その通り、本当に不公平な状態だと思います。それによって反対派の意見が支配的になって、「真実は暴言」という世の中になってしまっています。「真実は真実、暴言は暴言」です。沖縄が今、非常に原理主義になってきているので、少しずつ改善しなければいけません。みなさんには勇気を持って行動してほしい。私は映像公開によって、みなさんが勇気を持てるような環境をつくったつもりです。それで立ち上がるかどうかは、みなさん次第だと思います。

釈　沖縄は、大東亜戦争のなかで、最も被害が大きかった激戦地の一つであり、多くの沖縄県民が沖縄戦を通して亡くなりました。しかし、それから70年以上経ちました。日本やアジアの平和のために、そして、沖縄の方々が平和な暮らしを続けていくためには、どうしても、自衛隊や米軍の基地が必要です。

沖縄について正論をしっかりと言える日本の政治家が求められていますね。幸福実現党も、日本とアジア、そして沖縄の平和のために頑張っていきます。

第4章

沖縄は見捨てられていなかった

〔ロバート・D・エルドリッヂ〕

ROBERT D.
ELDRIDGE

なんとしてでも沖縄を手に入れたかった米軍部

ここまで釈党首と現在の沖縄問題について語り合いましたが、本章ではその沖縄問題が発生することになった起点まで歴史を遡って考えます。反対派の人たちの「昭和天皇は沖縄を見捨てた」「本土は沖縄を見捨てた」という主張がいかに間違っているかを述べたいと思います。

第二次世界大戦で日本はアメリカと戦いましたが、1945年3月に沖縄戦が始まります。6月、日本の守備隊は玉砕し、沖縄はアメリカの占領下に置かれました。戦後、本土はサンフランシスコ講和条約により1952年4月28日に国家としての主権を回復しますが、同講和条約の第三条によって分離された沖縄が日本に復帰したのは、その約20年後の1972年5月15日でした。

この背景には、大きく分けると二つの議論があります。一つは、戦中のアメリカ政府内における「戦後の沖縄政策はどうするのか」という議論。もう一つは、戦後の日本政府内における「アメリカをはじめとする連合国が沖縄を含む日本の領土をどう処理し、日本政府としてどう対応するのか」という議論です。

前者においては、実は国務省と軍部が激しく対立していました。軍部が、安全保障上、あるいは戦略上、沖縄を日本から分離し、アメリカが占領支配すべきという立場を取っていたのに対し、国務省は、沖縄は日本に残すべきという立場でした。

まず、軍部は、第二次世界大戦から二つの教訓を得ていました。

第一は、「敵国にアメリカを攻撃できる態勢を許してはならない」ということです。アメリカの領土から可能な限り離れているところで防衛線を張ることが大事であると考え、東アジアの日本、なかでも中国や朝鮮半島、東南アジアに近い沖縄にプレゼンス（軍事的影響力）を置くことによってバッファーゾーン（緩衝地帯）をつくろうとしたのです。

二つ目の教訓は、「アメリカの安全保障に関わる地域に弱い友好国（同盟国）を置いてはいけない」ということです。第一次世界大戦後、国際連盟によって太平洋地域はイギリスやフランスなどが委任統治していましたが、これらの同盟国のような友好国は、すでに国力を落としつつあり、日本軍は速やかにこのアジア太平洋地域を支配下に置きました。同地域は、アメリカの軍事力が整っておらず、防衛体制が不十分であったため、アメリカの領土だったフィリピンなども攻略されました。

こうした教訓から、軍部は太平洋における絶対的な支配力を望むようになり、「太平洋の要石（Keystone of the Pacific）」である沖縄に対して独占的かつ絶対的な支配力を有したいと考えていたのです。

沖縄返還を望んでいた米国務省

これに対して、国務省、特に極東局などは、政治的、外交的に二つの理由から反対していました。

一つ目は、戦後、日本と友好関係を築くためには、必要以上の摩擦は避けるべきであり、もし本来の日本の領土を取り上げれば、関係構築に支障が生じるということです。

二つ目は、アメリカが第二次世界大戦に参戦する前の8月、つまり1941年8月に、ルーズベルト米大統領がチャーチル英首相と公表した声明（大西洋憲章）があるからです。この大西洋憲章は、戦後の国際秩序を示したもので、その一つに「領土不拡大の原則」が示されています。つまり、日本から沖縄を分離したら、アメリカの領土拡大とみなされ、アメリカが自ら定めた原則に反することになる。そうすれば、国際社会からの批判は免れないので、そうした事態は避けたいということです。

そして、1943年に国務省は、琉球諸島に関する最初の文書を発表し、そのなかで、「琉球諸島は非武装化の上で日本に返還されることが望ましい」と結論づけました。ところが、それに対して軍部は、沖縄の完全領有化を引き続き要求しました。ちょうど冷戦構造が鮮明となってきたこともあり、国務省は譲歩して、アメリカが軍事占領するが、主権は日本に残すという「基地租借方式」を提案しました。しかし、それでも軍部はこの案を「不十分」として拒否します。

日本政府は「沖縄も領土」と主張し続けた

アメリカ政府内の議論の対立が続くなか、日本政府は、終戦後間もなく講和条約の準備を開始し、占領下で外交権が認められていないにもかかわらず、「沖縄も日本の領土に含まれる」と主張し、ポツダム宣言によって外交権を完全に失ったにもかかわらず、アメリカと何度も〝交渉〟しようとしました。

終戦から約3カ月後の1945年11月21日、アメリカによる占領がいつまで続き、いつ講和条約が締結されるのかもまったく見通しがつかないなかで、「平和条約問題研究幹事会」を設置し、講和条約の研究を始めました。

4カ月の研究と審議を経て、「琉球諸島は連合国による共同信託統治やアメリカによる単独信託統治とされる可能性が高い」という結論が出ると、日本政府は、それが決定したら反対するのは困難と見て、日本の講和条約希望案を作成し、連合国側に提出することにします。ただ、まだ旧敵の日本に対して厳しい姿勢を取っていた連合国に日本政府の希望案をすんなり受け入れてもらえる可能性は低いため、まずは領土問題に関する科学的資料を提出することにし、千島《ちしま》列島および歯舞《はぼまい》・色丹《しこたん》諸島、琉球諸島に関する領土調書の作成に取りかかりました。

琉球諸島に関する調書では、日本と諸島との地理的、民族的、人種的、歴史的、文化的（言語、宗教など）、政治的な関係を論じ、結論として、「沖縄は日本と一体性が高く、日本の一部とみなされるべきである」と主張。さらに、沖縄は豊かな宝の島ではなく、資源不足で、経済的自立の困難な岩礁群であるということを強調しており、連合国とりわけアメリカに、魅力の乏しい印象を与えようとしたように思われます。ただ、千島列島と歯舞・色丹諸島の領土調書はＧＨＱのもとに渡ったものの、琉球諸島の調書は、この段階では渡りませんでした。

そして、芦田均《あしだひとし》外相と外務省は、アメリカをはじめ連合国に、早期講和の実現と講和に関する日本側の希望を伝える外交的行動を繰り返したのです。

1947年6月に片山哲内閣が発足すると、そのインタビューで、芦田外相は「沖縄は日本の一部だ」と発言し、それを知ったマッカーサーが激怒します。そのマッカーサーの反応で初めて、日本政府は、アメリカが正式に沖縄を日本から分離しようとしていることが見えたのです。

そこで、7月7日には、諸研究に基づいて、岡崎勝男《おかざきかつお》外務次官が「日本の領土問題に関する一般的考察」と題する覚書を作成し、次のように主張しています。

「沖縄群島および先島《さきしま》群島はある期間半独立的地位を有していた琉球王国の統治下にあったことは事実であるが、王朝の成立前は日本の領土であり又一六〇九年以後同王朝は島津藩の保護をうけ日本の宗主権下にあった。殊に明治以後右は内地の一県として他の諸県と全く同一の地位を占めていた。その住民もまた人種的には日本民族の一のタイプであり、言語、文化等の見地からも日本と不可分の関係にある。沖縄県は従来経済的には自立出来ず中央政府の負担となっていたし、今後もそうであろうと思うが、日本政府及び日本国民としては従来の長い関係から見てこれを日本領土として残されたい希望である」

要は、沖縄の日本への復帰は民族的・歴史的に正当であり、主権を残してほしいと訴えたのです。

受け入れられない日本の要望

しかし、現実には、当時すでに米軍が軍事的攻略の後、２年以上にわたって沖縄を占領し続けており、１９４６年1月29日付の指令によって北緯29度以南の南西諸島は分離されていました。さらに、米ソの関係悪化や中国の第二次国共内戦など、国際情勢も不安定になっており、アメリカが引き続き占領を継続したり、主権獲得を要求したりする可能性がありました。

そこで、これ以上の沖縄分離による日本領土の分割を回避するため、岡崎次官は次のような提案を用意します。

「もし沖縄群島及び先島群島の土地が連合国として戦略的見地からして必要である場合は、その必要を充たすアレンヂメント（取り決め）は充分日本政府との間に行えるものと考える」

つまり、「基地は提供するが、主権・行政権は日本にある」という考え方です。

この岡崎メモをはじめとする、いくつかの調書・意見書などに基づいて、日本政府は講和条約に関する意向を4枚のメモ（第一芦田メモ）にまとめました。

この「第一芦田メモ」には、「ポツダム宣言にいう『われらの決定する諸小島』を決定するに際しては、本土とこれら諸島の間に存在する歴史的・人種的・経済的・文化的その他の関係を十分に考慮に入れてほしい」との希望を述べています。控えめな書き方は、連合国の反発を招かないためと考えられ、岡崎が考えた「アレンヂメント」までは踏み込まず、一般的な要望に留めています。

芦田外相はＧＨＱに「第一芦田メモ」の写しを手渡し、日本政府の要望を非公式に伝えようとするのですが、結局、返却され、受け入れられませんでした。

そうこうしているうちに、冷戦が始まり、ソ連の参加拒否によって、予定していた予備会議が流れて講和も遅れることになりました。同時に、アメリカの安全保障にとって、東アジアの真ん中にある沖縄の戦略的重要性が一層高まりました。日本は、沖縄の返還・保有を希望し続けてきたのに、沖縄の主権を喪失する危険性が出てきてしまったのです。

昭和天皇の真意とは

沖縄の返還・保有を求めていたのは、政府だけでなく昭和天皇もまた同じでした。

１９４７年9月19日、芦田外相は、宮中に呼ばれて、昭和天皇に外交問題について内奏しました。その際、昭和天皇は米ソ間の関係悪化と日本の安全保障についてとりわけ関心を示されたようです。その後、昭和天皇の側近である寺崎英成《てらさきひでなり》が、マッカーサーの政治顧問だったシーボルドに、昭和天皇のご意向を伝えに行くのですが、それがいわゆる「天皇メッセージ」です。シーボルドの会談記録によると、寺崎は次のように述べています。

「天皇は、アメリカが沖縄をはじめ、その他の琉球諸国に対する軍事占領を継続するよう希望している。天皇の意見では、そのような占領はアメリカの利益になり、また、日本を防衛することにもなる、というのである。天皇が思うに、そうした措置は、日本国民の間で広範な賛成を得ることであろう。国民は、ロシアの脅威を恐れているばかりでなく、占領が終わったのちに左右両翼の勢力が台頭し、日本の内政に干渉するための拠点としてロシアが利用し得るような『事件』を引き起こすのではないか、と懸念している」

当時の日本国内を見れば、敗戦後の猛烈なインフレーションと絶望的な経済を背景に、労働闘争がますます激化し、深刻な政治的・社会的な問題が日本政府に襲いかかっていました。１９４７年2月1日には官公庁関係組合を中心に全国一斉のストライキ（ゼネスト）が計画され、それを中止させるのにマッカーサーの介入まで必要となりました。

また、そうした不安定な政情のなか、保守層は、新しい日本国憲法の施行を危惧の念を持って迎えました（１９４７年5月３日）。この日本国憲法は、「国際紛争の武力による解決」や「戦力の保有」を否定する9条を規定しながら、極めて自由主義的であり、保守系の政党や政府高官は、労働組合の指導者たちや共産党をはじめとする左翼の政党が、この新しい自由を悪用しかねないと憂慮していました。

こうした事情から、昭和天皇は、日本国内の安定に懸念を深めておられました。

また、冷戦期を迎え、前述したように、米ソ関係の悪化によって講和会議が開催できなくなり、中国の第二次国共内戦など東アジアの不安も深まっていました。そうしたなかで、沖縄の戦略的必要性が高まりつつあったのです。そのため、アメリカや連合国が、沖縄を日本から切り離すことは「ほぼ確実」であると外務省は見ていました。

シーボルドの会談記録は、次のように続きます。

「また、天皇は、沖縄、（その他必要とされる諸島）に対するアメリカの軍事占領は、主権を日本に残したまま、長期——25年ないし50年またはそれ以上の——租借方式という擬制に基づいて行われるべきであると考えている。天皇によれば、このような占領方式は、アメリカが琉球諸島に対していかなる恒久的野心も持っていないと日本国民に確信させ、ひいてはこれにより、他の諸国、とりわけソ連や中国が同様の権利を要求することを封ずるであろう」（邦訳、傍線は筆者による）

また、「長期——25年ないし50年またはそれ以上の——租借方式という擬制に基づいて行われるべき」であるとし、その手続きに関しては、「『軍事基地権』の取得は、日本とアメリカの二国間の租借条約によるべき」と提案しています。

つまり、昭和天皇は、沖縄の「主権」を日本に残し、アメリカの「軍事基地権」を明確にしようとされていたと考えられます。

「軍事基地権」は、当時、アメリカが他の連合国に基地使用を認めさせるためによく使っていた方法でした。しかし、敵国であり、まだ占領されている日本にはそれよりも完全な分離を含めた厳しい措置が取られる危険性が高く、天皇が自らアメリカに沖縄の軍事基地権をオファーしたことは領土の喪失を避けるためであったと考えられます。

左系の学者たちはこの「天皇メッセージ」について、「天皇が沖縄を捨てた」という解釈をしていますが、勉強不足でとんでもない誤解です。意図的な勝手な解釈としか思えません。そのような解釈は、当時の時代背景を見誤ったものと言わなければいけません。

真実は、むしろ逆で、昭和天皇は沖縄が分離されることが見えていたので、それを止めるために、「基地は提供する。しかし、最終的な主権は日本にある」という打診をしたのです。必然的に分離されるのを何とか止めないといけないという思いだったのでしょう。

「天皇メッセージ」は、当時の米軍が求めた沖縄・南西諸島の日本からの永久的にして完全な分離、完全な主権獲得という、日本にとって最悪のシナリオを避けるための、巧妙かつタイミングのよい試みであったと冷静に見るべきだと思います。当時、アメリカの国務省のなかでさえ、このメッセージは評価されていました。

ここまで述べてきたことは、拙著『沖縄問題の起源』（名古屋大学出版会／2003年）で初めて明らかになりました。詳しく知りたい方は、そちらをご参照ください。

かろうじて回避できた最悪のシナリオ

先に述べたように、アメリカ政府内では、国務省が日本政府の提案と同様の基地租借方式を検討していましたが、軍部、特にマッカーサーが沖縄はアメリカの自由にすると断固要求し続け、沖縄の処理をめぐって激しい議論が続けられました。

1951年4月にマッカーサーが解任されると、その約1年後に、後継者のリッジウェイが「沖縄は日本に返してもいい」という報告書を提出します。

しかし、ワシントンの統合参謀本部がそれを拒否し、結局、アメリカが沖縄の政策決定を行ったのは、サンフランシスコ講和条約発効のときでした。つまり、1952

年4月28日までは、沖縄返還の可能性が残っており、日本政府は、講和条約締結（1951年9月8日）後も交渉を続けたのです。

また、この間、琉球諸島や日本本土からも、琉球諸島を日本の一部として認めるべきという請願がワシントンに届けられました。

最終的には、軍部の圧倒的な要求により、アメリカが沖縄の基地権および施政権を持つことになりましたが、講和条約では、条約の設計者であったダレス国務長官顧問によって、日本の沖縄に対する「潜在主権」がかろうじて認められました。「潜在主権」とは、施政権はアメリカが持つが、領土の最終処分権は日本が有するというもので、それによって、日本は最悪のシナリオである沖縄の日本からの「永久分離」を回避することができました。

それは、国際的に微妙な立場にいる昭和天皇と外交権を失った日本政府がさまざまな文書と努力によって長い間懇請してきた沖縄への願いが、まったく無駄ではなかったことを意味しています。

さらに、講和条約発行後も1952年4月28日まで、そしてそれ以降、独立国家として交渉・要請を続け、その結果、1953年12月に奄美《あまみ》群島が返還されることになりました。これは重要な前例となり、1968年6月には南方諸島、硫黄島、小笠原諸島の返還も実現しました。そして、1972年5月には沖縄も返還されるようになったのです。時間がかかったのが、沖縄がいかに戦略的に重要であったかを物語っています。

今考えると、20年というのはたいした年数ではありません。なぜなら、現在、普天間という一施設の返還だけでもすでに20年もかかっており、少しも実現していないからです。より面白いことに、沖縄の返還が決まった1969年11月の佐藤・ニクソン会談から沖縄が実際に返還された1972年5月までは、たった2年半しかかかっていません。今の日本政府や沖縄県は一体何をしているのでしょう。吉田茂をはじめ、佐藤栄作や、沖縄県出身で本土復帰の実現に尽力した大濱信泉《おおはまのぶもと》先生に大変失礼なことをしているのではないでしょうか。ふざけるなと言いたいです。

米軍駐留は日本の要請だった

サンフランシスコ講和条約と同時に締結されたのが、日米安全保障条約（旧安保条約）です。沖縄問題の起源を考える上では、この安保条約の成立と変遷についても触れざるを得ません。

旧安保条約によって、日本とアメリカの同盟関係が成立し、米軍が日本に駐留することになるわけですが、アメリカ人の半分くらい、そして日本人のほとんどが、この日米同盟はアメリカが日本に押しつけたものと思っています。しかし実は、日本政府・芦田均外相から、マッカーサー元帥の指揮下にある第8軍のアイケルバーガー司令官に提案されたものです。

提案されたのは終戦からちょうど2年後の1947年です。この年の3月には、マッカーサー元帥が早期講和の必要性を提唱し、講和予備会議の実現に向けた動きが起こります。すでに述べた通り、当時、アジアや東ヨーロッパにおける冷戦が深刻化しており、ソ連が米英中ソの4カ国会議を提案したのに対し、アメリカは、ソ連の発言力を弱めるために11カ国による会議を提案しました。その結果、ソ連が会議への不参加を表明し、早期講和の実現は先送りとなりました。

日本政府、特に外務省は、講和が締結されれば、その後の日本の安全は国連によって保障されると期待していたのですが、国連の常任理事国であるソ連が協力しなければ、国連においても日本の安全は保障されないということを、このとき知りました。そこで、日本政府は、国連ではなく、アメリカによる安全保障体制をつくらなければいけないと考えたのです。

同年9月に、アイケルバーガーが一時帰国するということで、ちょうど芦田に「日本は将来の安全保障をどのように考えているのですか」と訊《たず》ねてきたので、外務省関係者は会議を開き、その翌日、アイケルバーガーに日米間の安全保障を提案したのです。

ただ、芦田が提案したものは、現在の日米安全保障条約とは少し違っていました。

芦田が構想していたのは、有事があったときに、用意されている基地に米軍が来て日本を守るという「有事駐留」の構想でした。

これは、緊迫していない情勢下ではもしかしたら機能するかもしれませんが、1940年代後半、1950年代と、世界情勢はますます緊張が高まっていました。

そこで、1950年の4月から5月にかけて、吉田茂首相が、側近の池田勇人《いけだはやと》と宮澤喜一《みやざわきいち》をワシントンに派遣し、「もし講和締結後に米軍が基地を望むのであれば提供します」と提案したのです。

したがって、アメリカとの安全保障の関係は、日本政府の発想だったのです。そして、日本に米軍基地（私は「日本政府の基地」と言っていますが）を置くことも日本政府の提案だったのです。もし逆なら、つまり米軍が日本に押しつけたものであるなら、反対運動が起こるのも分からなくはないのですが、日本政府が提案・要請したものなので、反対運動はちょっと筋違いなのではないかと思います。

結局、1951年にサンフランシスコ講和条約と旧安保条約の二つが締結されます。

ところが、サンフランシスコ講和条約は全権委員が署名したのですが、旧安保条約は吉田だけの署名だったので、国内で「超党派的ではない」との不満が噴出しました。

当時、共産陣営が入っていないため、サンフランシスコ講和条約に反対する革新系の政党もあったので、超党派で進めるのは非常に難しかったでしょう。しかし、この世論の分裂が今日の沖縄問題にまで至っていると言っても過言ではありません。

旧安保条約改定への道のり

1950年代には、旧日米安全保障条約の内容に対して、革新系だけでなく、保守系の人たちからも、さまざまな批判がありました。例えば、要請があれば米軍が介入できるという内容になっている一方で、アメリカは日本を守るという義務が明記されていないという不平等性に対してです。

その不満と吉田政権に対する不満から、1954年には、鳩山一郎政権に替わり、重光葵《しげみつまもる》外相がダレス国務長官に安保条約を改定したいと話を持ちかけます。ところが、ダレスから、「日本にアメリカを守る用意はあるのか」と一蹴され、日本は引き下がらざるを得ず、結局、改定はかないませんでした。

その会合には、安倍晋三総理の祖父である岸信介《きしのぶすけ》（当時、自民党幹事長）が参加していました。厳しい現実を見た岸は、条約改定には、日本が安保にタダ乗りしていることに対するアメリカの不満や、アメリカ陣営から離脱するのではないかという懸念を解消しなければならないと考えました。1957年2月に総理大臣に就任すると、条約改定に向けて、マッカーサー元帥の甥であるマッカーサー駐日大使（ダグラス・マッカーサー2世）と内密に協議し、対米交渉への道を探ります。

そのために岸は、「国防の基本方針」を閣議決定し、国力に応じた効率的な防衛力を漸進的に整備するとしました。2度にわたる東南アジア歴訪など、アジア太平洋地域において、特に東南アジアにおいて、積極的に外交を展開し、日本はアジア太平洋地域の平和と繁栄に貢献するという発信をしたり、外交の方針に「自由主義諸国陣営との協調」などを掲げて親米的な政権であることをアピールしたりして、アメリカが安心する環境を整えていきました。

一方で、岸から要請を受けていたアメリカ側も奮闘していました。

アメリカでは1948年に上院でバンデンバーグ決議が採択されていました。これは、第二次世界大戦後、アメリカが他国と安全保障条約を締結する際、「アメリカが相手国を守るという保障を約束する場合は、相手国もアメリカを守るという義務を明記する」という〝相互的な約束〟がなければ締結できないというものでした。上院は大統領に対し、条約締結の同意権を持つなど、強い権限があるので、無視できない決議です。

そのため、マッカーサー駐日大使は非常に悩みました。しかし、少なくとも1956年の秋から改定をしなければならないという見解が米国務省のなかで生まれ始めており、その旨の提言書は日本に赴任する前からマッカーサー大使が受けていました。そこで、親米的な岸の要請を尊重し、ワシントンに戻って、条約改定の必要性をダレス国務長官に伝えます。

ダレスは、経済を優先して国防はアメリカに頼るという「吉田ドクトリン」によって、国際安全保障において日本が国力に応じた貢献をしていないことから、非常に不満を抱いていました。また、1950年から52年にかけて、旧安保条約とサンフランシスコ講和条約の交渉責任者でもあったので、その条約を改定するということは、自分の過去の仕事を否定することを意味し、プライドとしても受け入れたくありませんでした。

ちなみに、吉田茂も同様でした。吉田の住む大磯まで改定の説明をしに行ったマッカーサー大使に対して、「私が交渉した条約は何が問題ですか」と言ったくらい、吉田は不満を抱えていたのです。

話を戻すと、ワシントンに着いたマッカーサー大使は、ダレスと一緒にアイゼンハワー大統領のもとに行きます。すると、アイゼンハワー大統領は、次のようなことを言いました。「合意、協定、条約、契約等において、2者の間でどちらかが不満だった場合、事実上、その文書は無意味になってしまっている。いくら法律上では、片方が不満であってもかまわないということになっていても、気持ち的にどちらかが不満であれば、すでに使えないものになっている」。

そして、アイゼンハワーは、改定を否定するダレスの主張を拒否し、岸の要請に同意したのです。ただ、「議会が承認しなければどうしようもない」とのことだったので、マッカーサー大使は議会にさまざまな働きかけをして、結果、「相互性」の形式が生まれました。日本にある米軍基地を日本の自衛隊が守ることで相互性が担保されるという建前をつくったのです。

それによって、ようやく1957年から交渉が行われ、ほかの法案や党内の調整で時間がかかりましたが、結局、1960年1月にワシントンで、新たに「日米相互協力及び安全保障条約」の調印式が行われました。

ところで、沖縄が復帰した1972年に、この新しい日米相互安全保障条約と在日米軍地位協定は沖縄にも適用され、在日米軍による施設・区域の使用がこの形で認められるようになりました。アメリカは沖縄に基地を存続させ、整理・縮小した基地の一部を自衛隊に譲りました。

日本は安保にタダ乗りし続けるのか

この日米安保条約とそれに付随する日米地位協定に基づいて、現在も米軍が日本に駐留して、日本の平和と安全を確保するのに自衛隊とともに貢献しています。

同条約の第五条では、「各締約国は、日本国の施政の下にある領域における、いずれか一方に対する武力攻撃が、自国の平和及び安全を危うくするものであることを認め、自国の憲法上の規定及び手続に従って共通の危険に対処するように行動することを宣言する。」と規定されており、「アメリカは日本を防衛する義務」があります。

一方、日本がアメリカを守る義務は書かれていません。つまり、この条約は、「相互」という言葉は入っていますが、厳密な意味では、まだ「相互」にはなっていないのです。これに対し、アメリカ国内からの「日本は安保にタダ乗りしている」という批判は昔からあり、最近でも言う人はいます。

日本ではこれまで、日米安全保障条約に基づく防衛協力のあり方を定めた「日米防衛協力のための指針（ガイドライン）」が、１９７８年、１９９７年、そして２０１５年と3回策定されてきましたし、２０１５年は安全保障関連法も成立し、２０１６年3月から施行されましたが、日米安全保障条約そのものには、まだそれらの進展は反映されていません。

もし将来、日本が本当の意味での相互性を目指すのであれば、再び改定が必要になるでしょう。相互性を反映する文言の簡単な改定で済むのか、それとも大きく変更して改定するのか分かりませんが、いずれにしても、それには反対する勢力も出てくると思います。しかし、旧安保条約の改定を実現した当時、改定のための努力をしたように、日米安保条約を改定するにあたっても、交渉のテーブルにつくために日本は努力しなければいけません。

第5章

RYOKO SHAKU

〔釈量子〕

〝琉球独立運動〟に中国あり

中国の琉球独立工作

戦後、沖縄では幾度となく、米軍基地反対運動が巻き起こってきました。辺野古移設反対運動もその一つです。反対運動が高まると、同時に話題にのぼるのが、「琉球独立運動」です。「歴史的に、沖縄は日本の領土ではなく、琉球王国として独立していた」「だから、日本の本土の意向に左右されず、沖縄独自の意志決定をする正統性がある」といったイデオロギーに基づく運動です。

しかし、「琉球独立運動」の背景には、尖閣諸島のみならず、沖縄全島を手中に入れようと虎視眈々と狙う中国の存在があります。中国は、沖縄を自国領とする前段階として、「琉球独立工作」を進めています。沖縄を琉球国として日本から独立させて、米軍や自衛隊を追い出し、その後、中国が占領・支配するというシナリオです。

実際、中国共産党機関紙・人民日報系の環球時報《かんきゅうじほう》には、2013年5月11日付社説で、次のような「琉球独立工作の3ステップ」が展開されていました。

1　琉球問題に関する民間の研究・討論を開放し、日本が琉球を不法占拠した歴史を世界に周知させる。

2　日本の対中姿勢を見た上で、中国政府として正式に立場を変更し、琉球問題を国際社会で問題提起するか否か決定する。

3　日本が中国と敵対するならば、中国は「琉球国復活」勢力を育成する。

そして、すでに中国はこの通り、工作活動を進めているのです。第1ステップとして、日本が琉球を不法占拠したという歴史の捏造を始めています。

〝南京大虐殺〟の次は〝琉球大虐殺〟

2010年10月には、環球時報の公式サイト・環球網のインターネット番組「日本真相　シリーズ4　琉球独立運動の背景」で、商務部日本問題専門家・唐淳風《タンチュンフォン》氏にインタビューしています。そこで同氏は、「中国は琉球独立を支持する責任がある」「琉球は古来、常に中華民族の一員である」「日本は犯罪の歴史を隠蔽している。かつて琉球大虐殺があった」と主張しています。

同年11月8日付環球時報にも、同氏は、1945年の終戦間際、「米軍占領の前に日本軍は琉球民衆26万人を虐殺し、その規模の大きさは『南京大虐殺』に次ぐ」などと述べています。

そもそも、沖縄戦の死者は、日本軍と沖縄県民とを合わせても12万人です。中国の言う26万人や27万人という数字にはまったく根拠がありません。

最近では、中国メディアの今日頭条《ジンリートウティアオ》が2015年10月11日付で、「日本はなぜ琉球大虐殺を開始したのか　27万の琉球島民を殺した！」と題した記事を上げていますが、「いわゆる『玉砕令』により現地駐屯軍が琉球人を皆殺しにした」とあるので、この〝琉球大虐殺〟というのは、どうやら先の大戦における沖縄戦の集団自決を指しているようです。

集団自決は、沖縄戦開始直後の渡嘉敷島《とかしきじま》において、住民が手榴弾や鎌、鍬などで一斉に自決したという凄惨な事件です。この集団自決が、渡嘉敷島の守備隊長・赤松嘉次《あかまつよしつぐ》大尉が手榴弾を渡して自決するよう命じたという、「日本軍による命令」によって行われたものとして教科書にも掲載され、長らく歴史の〝事実〟として伝えられてきました（2008年度以降、「軍の命令」と明記したくだりは削除された）。

しかし、真実は違いました。作家の曽野綾子《そのあやこ》氏が現地を丹念に取材したところ、「直接の体験から『赤松氏が、自決命令を出した』と証言し、証明できた当事者に一人も出会わなかった」のです。それどころか、当時、女子青年団長だった古波蔵蓉子《こはぐらようこ》氏は、赤松大尉に斬り込み隊に出ることを願い出た際、怒られて、「何のためにあなた方は死ぬのか、命は大事にしなさい」と言われ、戻されたといいます（曽野綾子著『沖縄戦・渡嘉敷島「集団自決」の真実』）。

さらに、戦後、琉球政府で軍人や軍属、遺族の援護業務に携わった照屋昇雄《てるやのぶお》氏は、「遺族たちに戦傷病者戦没者遺族等援護法を適用するため、軍による命令ということにし、自分たちで書類をつくった。当時、軍命令とする住民は1人もいなかった」と証言しています（２００６年８月27日付産経新聞）。

戦傷病者戦没者遺族等援護法は、日中戦争や第二次世界大戦で戦死、負傷した軍人、軍属、遺族らに障害年金、遺族年金、弔慰金などが国から支給される制度です。一般住民は適用外のため、住民は軍命令で行動していたことにし、「準軍属」扱いとして補償を受け取れるように、村長らが赤松大尉に「命令を出したことにしてほしい」とお願いし、同意してもらったのです。

戦後、赤松元大尉が弁明もせずに真実を語らなかったのは、補償を受け取った遺族たちを守るためでした。つまり、〝大虐殺〟の真相は、〝年金問題〟だったわけです。

中国は、〝南京大虐殺〟に続いて、この〝琉球大虐殺〟を捏造しようとしているのです。〝南京大虐殺〟がユネスコの記憶遺産に登録されてしまったように、中国の主張をそのまま放置しておけば、また国際社会に〝事実〟として認識されてしまいますので、私たち日本人は、これも歴史戦として認識しておかなければいけません。

「琉球独立」を国際問題化しようとする中国

琉球独立工作の第2ステップは、「中国政府が琉球問題に関する立場を正式に変更し、国際社会で問題提起する」とのことですが、報道の3日前、2013年5月8日、中国共産党・政府見解の代弁役である人民日報は、「琉球は明清両朝の時期、中国の属国だった」とし、日本が武力で併合したと強調。下関条約で、「台湾と付属諸島（尖閣諸島を含む）、澎湖《ほうこ》諸島、琉球は日本に奪い去られた」という論文を掲載しています。論文は、その上で、第二次世界大戦終結時に日本が「日本国が清国人から盗取したすべての地域を中華民国に返還する」としたカイロ宣言の履行を謳うポツダム宣言を諾《だく》したことから、「未解決の琉球問題を再び議論できるときが来た」と主張しています（2013年5月17日付読売新聞）。

ちなみに、下関条約で日本に編入することになった地域に沖縄は含まれていません。

また、第二次世界大戦における領土処置の最終的な法的効果を持つのは、カイロ宣言やポツダム宣言ではなく、サンフランシスコ講話条約になります。同条約では、日本は台湾及び澎湖諸島の領有権は放棄しましたが、琉球諸島はここには含まれていません。

2013年5月22日付人民網（人民日報社のニュースサイト）によると、21日には、北京で「琉球は日本ではない」をテーマに、「危機フォーラム——琉球問題シンポジウム」が開かれています。同シンポジウムには、沖縄大学の教授や、中国人民解放軍のシンクタンク「軍事科学院」戦略部の元研究員、中国政府系のシンクタンク「中国社会科学院」の学部委員など、国内外の専門家30人余りが参加しています。ここでも、「琉球王国は、明清時代は中国の属国だった。1879年に日本政府が武力で琉球王国を併呑し、沖縄県と名称を変えた。その後、琉球問題は中日間の『未解決問題』となっている」とされていました。

遡れば、2012年7月12日にはすでに官製メディアの央広網で、人民解放軍の現役少将・金一南《ジンイーナン》氏が「沖縄はもともと独立国家で、中国の属国だった。それを日本が力ずくで占有した」「我々は、尖閣諸島にとどまらず、琉球列島全体の帰属について、大きな範囲で見なければいけない」と主張しています。

実は、琉球独立工作は「『琉球国復活』勢力を育成する」という第3ステップまで進んでいます。この3ステップが報じられた4日後の2013年5月15日、時期を合わせたかのように、沖縄でも龍谷大学の松島泰勝教授が中心となって、「琉球独立」を前提とした研究や討論、国際機関への訴えなどの取り組みを進める「琉球民族独立総合研究学会」が設立されました。会員は、沖縄にルーツのある〝琉球民族〟に限定されています。

そして、この学会の設立に対して、翌日には環球時報が社説で、「1世紀以上も前に琉球国は日本に滅ぼされた。琉球（沖縄）の独立は、歴史が伝承する基礎と正当性がある」と主張し、「中国側が国際法の許す範囲内で支援することは自然だ」と、中国国民に同学会への支持を呼びかけているのです（2013年5月17日付産経新聞）。

「自己決定権」という言葉の罠

そして、2015年9月にスイス・ジュネーブで開催された国連人権理事会のスピーチでは、翁長《おなが》知事が、"Okinawans' right to self-determination is being neglected."と発言しました。これは、日本語では、「沖縄の『自己決定権』がないがしろにされている」と訳されるのですが、「self-determination」は、国際社会では通常、「民族自決」と訳されます。つまり、「従属地域からの分離、独立」を意味するのであり、翁長知事は、「沖縄県民は独立民族であり、日本から独立する権利がある」と世界に表明したことになるのです。

2015年6月3日付の琉球新報では、沖縄県民の意識調査が行われています。ここでは、将来の沖縄の方向性について、「沖縄は独立すべき」は8・4パーセントに過ぎませんが、沖縄のことは自分たちで決めるという「自己決定権」については、

「広げていくべきだ」は87・8パーセントになります。つまり、多くの沖縄県民は日本からの独立など考えていないわけですが、「自己決定権」という言葉を用いると、「自分のことを自分で決めるのは当たり前だから」という意識から、大半の人が賛同してしまうのです。

英語版の琉球新報では、「88パーセントが自己決定権の拡大望む」が、やはり「the right to self-determination」という単語を用いて訳されています。つまり、「民族自決権」という言葉になっているのです。

さらに、同年11月5日付フィナンシャル・タイムズ（中国語版・英語版）でも、琉球新報の記事を引用する形で「沖縄では88パーセントの県民がさらに大きな自決権を持ちたいと考えている」と報道されています。

つまり、「沖縄は独立すべきですか」と聞けば、10パーセントにも満たないのですが、「自己決定権」という言葉を使うことで、約90パーセントに上がるのです。国連や国際社会は、「自己決定権」を「民族自決権」と捉えるため、沖縄県民は日本からの独立を望んでいるのだと理解するわけです。

このように、意図的に、沖縄県民の約90パーセントが「沖縄独立」の意志を持っているかのように世論を操作しているのです。

話を戻すと、翁長知事がスピーチで「self-determination」という言葉を使ったのにも、背後に中国の存在があると考えてよいでしょう。翁長知事は、２００５年に中国福建省《ふっけんしょう》福州市《ふくしゅうし》から「名誉市民」の表彰を受けていますし、２０１１年には、自身が団長を務める「那覇市・福州市友好の翼」のメンバー約２９０人で福州市を親善訪問しています。２０１４年、知事選に勝利したときは中国中央テレビ（ＣＣＴＶ）が速報を流しています。

さらに、独立総合研究所社長・青山繁晴《あおやましげはる》氏は、国連人権理事会での演説自体、安保理常任理事国の一つである中国が後押しをして実現したものであると指摘しています。

翁長知事の国連演説に先だって、中国は沖縄の米軍基地について、沖縄県民の自己決定権や土地権、環境権などが侵害されているとして、アメリカに改善を勧告しています。これは、国連人権理事会の報告書に盛り込まれ、報告書で中国は「自治、自己決定権を尊重し、土地や環境、言語などの問題に関し、先住民と十分に対話すべきだ」と主張したという報道もありました。

中国属国化への翁長知事の〝布石〟

沖縄では2006年に沖縄の方言である「しまくとぅば」の普及・継承を目的に、9月18日を「しまくとぅばの日」として条例で制定しています。しかし、この「しまくとぅば」の普及が、琉球民族独立総合研究学会が設立された翌年の2014年以降、強化されています。

その起因となっているのが、2012年から那覇市で始まった、「しまくとぅば」を公官庁で使用する「ハイサイ運動」ですが、そのときの那覇市長こそ、現県知事の翁長氏です。そして、この「しまくとぅば」の普及を推進している団体のなかには

「琉球独立」を主張する組織が数多く入っています。

おそらく、「しまくとぅば」を日本語とは別の琉球民族の言語として主張し、琉球独立の正当性をつくりたいのでしょう。

しかし、明星大学戦後教育史研究センター・勝岡寛次《かつおかかんじ》氏によると、沖縄の言葉は、日本語の方言の一種で、音韻、文法、発音、語彙等、言語を構成するすべての要素が日本語とまったく同一だそうです。ちなみに中国語や台湾語とは、文法も異なり、一切関係がないそうです。

日本語は「あいうえお」の五つの母音から成り立っています。もともと沖縄の言葉も母音はこの五つだったのが、時代を経て、「え（e)」が「い（i)」に、「お（o)」が「う（u)」に変化したといいます。

例えば、「雨」は「あめ（ame)」が「あみ（ami)」となり、「雲」は「くも（kumo)」が「くむ（kumu)」になります。「しまくとぅば」も「しまことば」の「こ（ko)」が「く（ku)」に、「と（to)」が「とぅ（tu)」になっています。

逆に、母音が「あいう」しかない単語は変化しないため、標準語と同じになります。「石」は「いし」で、「歌」も「うた」です。

また、明治28年に沖縄を訪問して、沖縄の言語の研究をした東京帝国大学博言学科名誉教授のバジル・ホール・チェンバレンも、沖縄の言語は紛れもない日本語の姉妹語であると結論づけています。

また、翁長知事は市長時代に「龍柱《りゅうちゅう》」の建設を計画しています。その発注先は沖縄県の企業ですが、その企業は中国企業に下請に出しています。それが、2015年末、那覇の玄関口に建設された、高さ15メートルの2本の龍の柱です。龍は中国のシンボルです。中国の龍は指が5本あるのですが、中国は古くから、属国に龍の彫り物をつくらせる場合には、指は4本や3本にさせてきました。今回、那覇市に建てられた龍柱は4本指で、しかも中国のほうを向いています。中国人観光客は、この龍柱を見て、「沖縄は中国の一部だった」と思うことでしょう。

このように、中国と翁長知事は、沖縄を「中国の領土」と証明するための準備を着々と進めていると言わざるを得ません。

米軍が撤退したらどうなるか

「琉球独立運動」が大きくなり、沖縄から米軍が追い出されるようなことになれば、日本や台湾をはじめとする東アジアは、中国の人民解放軍によって、真っ赤に染められることになるでしょう。米軍が撤退すると間もなく、沖縄の島々には中国の国旗が掲げられ、美しい海には、中国の軍艦や環境のことなどまったく考えていない漁船団が往来するようになるのです。

そのような中国の思惑を押しとどめることに大きな役割を果たしているのが、米軍です。特に沖縄は、エルドリッヂ先生が第2章で詳しく説明されているように、地政学的にも国際政治学的にも、非常に重要な地域です。米軍のプレゼンスがなくなれば、かろうじて自由と民主主義を守っている台湾は中国に吸収され、次に沖縄も狙われることは間違いありません。

実際に、中国の人民解放軍は、台湾の諸都市にミサイルの照準を合わせると同時に、台湾に上陸し占領する軍事演習を繰り返しています。昨年夏、中国中央テレビが中国北部での軍事演習の様子を報じた際には、台湾総統府に似た建物が映っていたことに注目が集まり、総統府の制圧も視野に入れている中国への警戒感が台湾でも高まりました。

さらに、台湾にとどまらず、人民解放軍が、尖閣諸島など沖縄の南西部の島々を占領する訓練も実施しているということが、米軍関係者によって明らかにされています。台湾から日本の最西端の与那国島まではわずかに111キロメートルしかありません。台湾が中国のものとなれば、その侵略の矛先が沖縄に向くことは、火を見るよりも明らかです。

また、1970年代からの歴史にも学ぶ必要があるでしょう。

1973年、ベトナム戦争において和平協定が調印され、米軍が南ベトナムから撤退すると、その翌年、中国は南シナ海の西沙諸島に軍事侵攻して南ベトナム軍を排除し、占領しています。

また、かつてフィリピンには、アメリカのスービック海軍基地とクラーク空軍基地がありましたが、フィリピンの要望で、1992年、米軍はフィリピンから撤退しました。すると、同年、中国は「領海法」を定めて、フィリピンが領有していた南シナ海の南沙諸島を「中国の領土である」と一方的に宣言し、1995年に侵攻して軍事施設を建設しました。

米軍のプレゼンスがなくなれば、その空白を埋めるのは、中国軍なのです。つまり、沖縄から米軍を追い出せば、その後には中国がやってきます。中国は、反基地運動や琉球独立運動を支援しながら、そのチャンスをずっと窺《うかが》っているのです。

そして、台湾と沖縄が中国に占領されたら、日本の交易に欠かせないシーレーン(海上交通路)を中国に押さえられてしまうので、日本は中東からの石油などが入ってこなくなります。そうすれば、日本は「国を明け渡すか」と「戦争をするか」の2

択を迫られることになります。

先の大戦では、日本はＡＢＣＤ包囲網（アメリカ、イギリス、中華民国、オランダによる経済封鎖）を築かれて、石油が入ってこなくなり、エネルギー危機から戦争に入らざるを得なくなりました。これと同じ状況を再びつくってはいけません。つまり、沖縄には日本の命運がかかっているのです。それほど沖縄は重要な場所なのです。

ですから、沖縄を守るためにも、日本を守るためにも、今の日本にとって米軍は必要です。一方で、「日米同盟を堅持することは、日本がアメリカに従属していることと同じだ」というお声も時折伺います。ただ、憲法９条を改正したり、防衛費１パーセントの壁を越えたり、核抑止についての本格的な議論が進んでいないなかで、日本という島国を守るためには、日米同盟は今のところ欠かすことはできません。日本とアメリカは、非常に好ましい友好関係を築くことができていますし、政治的な判断として、「世界最強国との同盟」は絶対に死守しなければなりません。

先の大戦に至った理由について、さまざまな視点の議論がありますが、一つには、当時の最強国であったイギリスとの間の日英同盟を破棄したことが、大きな判断の誤りだったと思います。沖縄の米軍基地について考えるときも、最強国との関係を保ち、自国を「不敗の地」に立たたせるということは、「歴史の教訓」として忘れてはならないのではないでしょうか。

その上で、日米同盟に頼るだけでなく、日本自身の防衛力も高めていかなければいけません。

2016年2月に中国が、南沙諸島にレーダー施設を建設し、西沙諸島に地対空ミサイルや戦闘機を配備していることが報じられましたが、中国は、南シナ海の軍事拠点化を着々と進めています。また、北朝鮮も2016年1月に核実験と長距離弾道ミサイル発射を強行しています。

こうした国が隣国である以上、攻撃されても不思議ではないので、自国を防衛できるだけの軍事力は持たなければ危険です。国民を守るのは国家としての義務であり、侵略されてからでは遅いのです。自分の身は自分で守るのと同様、「自分の国は自分で守る」というのは、当然のことではないでしょうか。

「アジアの平和を守っている」という誇りを

沖縄は、歴史的にも民族的にも、日本です。そして、現在の国際政治の眼で見れば、軍事的にアジアの平和を安定させている「平和の要《かなめ》」です。

沖縄で活動の先頭に立っている幸福実現党の金城タツローが、よく「米軍基地とは、『日米同盟基地』なのだ」と言っているのですが、私もその通りだと思います。なぜなら、米軍基地は自衛隊も一緒に使用していますし、同盟関係の上で成り立っている基地だからです。そして、その「日米同盟基地」が守っているのは、沖縄だけではありません。沖縄は、アジアの要の地として、アジア全体の平和を守っているのです。だから、沖縄の方には、「犠牲になっている」と思うのではなく、どうか誇りを持っていただきたいと思います。

「沖縄の基地を返還してもらえば、経済効果が生まれて沖縄の経済が発展する」と翁長知事は発言していますが、アジアの平和を守っている沖縄の経済効果は、そのような地域の経済振興だけでは計れないものがあります。例えば、警察署を潰してデパートを建てれば、人はたくさん来るかもしれませんが、治安は守れなくなります。「沖縄の経済効果は、沖縄に加えて、アジア全域の経済を守っている」というところにあるのではないでしょうか。

実際、沖縄には、長い間、日本の領土を守ろうとしてきてくださった方もいます。私が沖縄でお会いした方の一人、日本青年社与那国支局の新嵩《あらたけ》（真謝《まじゃ》）喜八郎《きはちろう》支局長は、無人の尖閣諸島を実効支配するため、1978年、尖閣諸島魚釣島《うおつりしま》に上陸して灯台を建設し、その後、その灯台を維持管理するため27年間にわたり魚釣島に通い続けたそうです（2005年に政府に無償移譲された）。

余談ですが、魚釣島に灯台を建設するのは命がけになるので、新嵩氏は、妊娠している雌ヤギと雄ヤギを1頭ずつ連れていって、何かあったら食べようと思っていたそうです。幸福実現党でもトクマが、2012年に国有化されて間もない魚釣島に上陸して「尖閣諸島は日本の領土」と訴えてきたのですが、その際、ヤギを見たと語っていました。新嵩氏が連れていったヤギはずいぶん繁殖し、土壌や植物の破壊が心配されています。新嵩氏は「一日も早く駆除に行きたい」とおっしゃっていました。

嘘のない「正論」こそ、沖縄への愛

最後に、大川隆法党総裁は、今年1月末の沖縄での講演のなかで、沖縄のメンタリティーを次のように分析されました。

「『沖縄は左翼が強い』と言われていますが、その左翼の根本をずっとたどってみると、日本の本土のほうの左翼とは違うような気がしてなりません。（中略）

七十年余り前、たくさんの方が戦死されました。その戦死された数多くの方々の無念の思いを受け、それが反発心や反抗心、あるいは国への不信感など、そういうかたちで出た左翼であって、唯物論的な左翼とは違うのではないかという気がするのです」

これで私は、沖縄で「左翼運動」が広がった理由や、「左翼運動」に異を唱えにくい空気の正体を知るとともに、「琉球独立運動」とはそもそも何なのかという疑問に納得がいきました。と同時に、政治家として、沖縄と正面から向き合うことができた感じがしました。

「琉球独立運動」も沖縄での左翼運動の一つですが、伝統的に存在してきたものではなく、戦後、意図的につくられたイデオロギー運動です。戦後の「無念の思い」や「反発心」、「不信感」に端を発して起こり、それが本土左翼の運動や中国の工作活動につけこまれ増幅されてきたのです。

そのような「琉球独立運動」に対して、沖縄を愛する私たちが行うべきは、嘘のない「正論」を訴えることだと思います。沖縄が歴史的にも日本であることや、沖縄の「日米同盟基地」がアジアの平和を守っていること、それは他の県では補えないということを正面から県民の方々にお伝えすることです。

沖縄で啓蒙運動を続けている沖縄対策本部の仲村覚《なかむらさとる》氏は、「毛沢東が種を蒔いた沖縄の危機」（月刊『正論』2016年2月号所収）で、「私は戦後の保守運動の最大の失敗の一つは、沖縄県祖国復帰運動を共産主義勢力にのっとられたことだと認識している」と述べています。同氏は続けて、「本来、米軍により分断統治された沖縄を復帰させるのは愛国者や保守政党の役割であったはずだ。しかし、日米同盟を優先させ、復帰は時期尚早という見解が強く、躊躇している間に、共産党や社会党は沖縄に革新統一組織の復帰協を立ち上げ、沖縄県民の愛国心を利用し復帰の大衆運動を扇動したのだ」と書いていますが、これは、現在の政治家や政党についても教訓とすべきことだと感じさせられます。

私を含めた本土の人にとって、今、大事なことは、沖縄に対する誇りと感謝だと思います。沖縄で戦って、散っていった先人たちに対して、また、基地を預かって、アジアの平和を守っている沖縄の人たちに対して、同じ日本人として心から誇りに思うとともに、命をかけてアジア太平洋地域の平和を守る自衛隊や米軍に対して、感謝の気持ちを持つことです。多くの国家予算を配分したり、米軍基地を沖縄県外に移設し、アミューズメントパークを建設したりするような政策を行うことではなく、辺野古移設の安全保障上の重要性など、「正しいことを言う」という嘘のない誠の政治こそ、「沖縄への愛」であると確信しています。

私も沖縄を心から愛しています。だからこそ、訴えるべきことは訴え続けます。

本当に沖縄を愛してるなら、「正しいこと」を言おうではありませんか。

Column

コラム

沖縄と本土の深い関係

昨今、沖縄では、翁長雄志知事を中心に「琉球独立運動」が起きています。彼らは、沖縄はもともと琉球として独自で存在し、日本とは異なる国であったと主張しています。

沖縄の久高島《くだかじま》に視察に行った際、島の方が「江戸時代、この琉球国には『薩摩侵攻』という大事件があったんだけど、文科省は意図して教えないんだ」とおっしゃっていました。「薩摩侵攻」とは、1609年に薩摩藩が琉球王国に侵攻して支配したことを指すのですが、この島民の方は、琉球民族が日本人に攻められたという感覚を持たれているようでした。沖縄県民のことを「琉球人」とも言っていたので、「本土とは違う」という距離を感じました。

また、1879年には明治政府による「琉球処分」が行われ、琉球王国は沖縄県として日本の国家体制に組み込まれるのですが、これも同様の感覚に受け止めておられました。この「処分」という言葉は、本来は「行政権または司法権を作用させる行為」の意味ですが、不要なものを始末するかのような印象を与えます。まるで、沖縄と本土はもともと異なる民族であるかのような感じがしてしまいます。

しかし、実際は、沖縄と本土は歴史的に密接な関係があったのです。

例えば、江戸時代には、浮世絵師・葛飾北斎が「琉球八景」という琉球の浮世絵を描いています。「琉球八景」のなかの「筍崖夕照《じゅんがいゆうしょう》」には、琉球八社の一つである、崖の上に鎮座する波上宮《なみのうえぐう》が描かれています。その画は非常に美しく、この波上宮の禰宜《ねぎ》である大山晋吾《おおやましんご》氏は、靖国神社会報「靖国」で、「浮世絵を見た江戸っ子達は、皆々その絶景に感嘆し、西海の果てなるこの宮に憧れを抱いた事であろう」と当時を想像して述べられています。ちなみに、「琉球八景」は、現在は沖縄にある浦添《うらそえ》美術館に所蔵されており、毎年5月限定で公開されています。

また、沖縄の伝統芸能のエイサーという踊りも、実は、江戸時代初期に、浄土宗の僧侶・袋中上人《たいちゅうしょうにん》が琉球に伝えた「念仏踊り」が起源とされます。

さらに時代を遡れば、鎌倉時代にも沖縄と本土は深い交流があったといいます。前出の大山氏によると、沖縄に多い「平良《たいら》」という姓は、実は、源平合戦の壇ノ浦の戦いで敗れて落ち延びた平氏の末裔《まつえい》と言われているそうです。

有名なのは、「源為朝《みなもとのためとも》伝説」です。源為朝は弓の名手で、『保元物語』では豪傑として描かれている人物です。保元の乱で敗れて伊豆に流され自害したと言われていますが、為朝の武勇を惜しんで、「伊豆諸島に流された後、実は琉球まで行っていた」という伝説が生まれたのです。

そもそも、琉球王国自体、日本人によって建てられた国です。沖縄本島は12世紀から、南部に南山、中部に中山、北部に北山という三つの勢力に分かれて争っていたのですが（三山時代）、15世紀のはじめに、尚巴志《しょうはし》によって三山が統一され、琉球王国が建国されました。尚巴志は、中国や朝鮮系の人と思われがちですが、大山氏によると、「尚」という姓は、外交上の姓として明からもらったものであり、尚巴志の祖父は鮫川大主《さめかわうふぬし》、その親は屋蔵大主《やぐらうふしゅ》という日本人とのことです。

尚巴志の子で第5代琉球国王・金福王《きんぷくおう》の時代には、天照大神を祀る神社も建てられています。金福王は、明からの冊封使《さくほうし》を迎えるために、那覇を港として整備し、海で隔たっていた王都・首里《しゅり》と結ぶため、国相の懐機《かいき》に石の橋を築くよう命じるのですが、川が深くて橋をかけるのは困難でした。そこで、懐機は天照大神を祀り、祈り続けたところ、7日間だけ潮が引き、無事に石の橋をかけることができたそうです（この橋は「長虹堤《ちょうこうてい》」と言い、葛飾北斎の「琉球八景」にも描かれています）。そこで、懐機は天照大神に感謝し、自らの邸宅を捧げて「長寿宮《ちょうじゅぐう》」（ウイシノミヤ＝御伊勢の宮）を建てたと言われています。このお宮は現在、波上宮の境内に「浮島神社《うきしま》」として祀られています。皇室とも深いつながりがあります。

大川隆法総裁は、『日本書紀』、『古事記』に出てくる豊玉姫が沖縄出身であることを明らかにしています（『現代の正義論』、『竜宮界の秘密』、『沖縄戦の司令官・牛島満中将の霊言』）。豊玉姫は、鵜葺草葺不合命《うがやふきあえずのみこと》の母であり、鵜葺草葺不合命は神武天皇の父なので、豊玉姫は現在の皇室のルーツにあたります。

また、江戸時代には、国学者の藤貞幹《とうていかん》という人が1781年に『衝口発《しょうこうはつ》』を著し、神武天皇は沖縄で生まれて、そこから東征したと述べ、皇室の祖先は沖縄から渡来したとの説を展開しています。ただ、これは物議を醸して、同時代の国学者・本居宣長《もとおりのりなが》に完膚なきまでに論破されているので、真偽のほどは分かりませんが、日本の皇室のルーツには沖縄も関係していそうです。

沖縄は、日本と異なる国ではなく、現代の私たちが想像するよりはるかに深い交流の歴史を持っており、沖縄の人たちも本土の人たちと同じ日本人なのだと思います。

Column
コラム

沖縄には高度な超古代文明があった

沖縄は、その起源がムー大陸にあるとも言われています。ムー大陸とは、1万数千年前に太平洋上に存在した伝説の大陸で、高度な文明が発達していたとされています。1万5000年ほど前に海中に没したと言われているのですが、その痕跡ではないかという説がある巨大な遺跡が、日本最西端の島、与那国島の海底で1986年に発見されています。

私は、この遺跡の発見者であり、ダイビングの草分け的存在である新嵩（真謝）喜八郎氏に直接お話を伺い、ダイビング初心者ながら水深17メートルまで潜《もぐ》り、海底遺跡に案内していただきました。

黒潮の強い流れのなか、見えてきた海底遺跡は、全長が東西に250メートル、南北に150メートルに及ぶ構造物で、さまざまな研究から、1万年前には陸地にあり、1万年前から6000年前の間に海中に沈んだということが分かっているそうです。新嵩氏はペルーのマチュピチュにある遺跡に似ていることから、海底遺跡と命名。マチュピチュの石でできた「インティワタナ」という日時計とそっくりのものもあるとのことです。私は大学3年生のときに、実際にマチュピチュの遺跡を見に行ったことがあるのですが、テラスのような建造物などは本当にそっくりで、鳥肌が立ちました。

この海底遺跡が人工物か、自然にできたものかという論争もありますが、実際にこの目で見て、まぎれもなく人工的につくられたものであり、それも極めて高度な文明の痕跡だと確信しました。

先史時代に高度な文明が存在したとの仮説を検証した『神々の指紋』で有名なイギリス人作家、グラハム・ハンコック氏も与那国島を訪れ、新嵩氏が海底遺跡に案内されたそうです。ハンコック氏は、そのとき調査した結果を自著『天の鏡』のなかで紹介しています。それによると、海底遺跡は「真南を向き、子午線と一致し、東西に走る巨大な海溝は、春分・秋分の日の出・日の入りの方向を示している」そうです。

つまり、天文が分かる高度な文明が存在していたということが言えるのです。古代では、エジプト文明、メソポタミア文明で天文学が発達しましたが、天文が分かるためには長い年月の観測データが必要になります。ですから、海底遺跡は、超古代文明であるムー文明やアトランティス文明とつながっているのではないかという考察ができるわけです。もしかしたら、歴史の教科書を書き換えなければいけないような沖縄のルーツがあるのかもしれません。

今の沖縄には「本土から差別されている」というメンタリティーが一部ありますが、文明論的に考えれば、沖縄には超古代文明につながる非常に高度な文明があった可能性が濃厚です。また、先ほど述べたように、皇室のルーツに関わる話もあり、日本のなかでもひときわ誉れ高い地であると言えるかもしれません。

第6章

ROBERT D. ELDRIDGE

沖縄のこれから、日本のこれから

[ロバート・D・エルドリッヂ]

沖縄の今後のシナリオ

中国船による尖閣諸島周辺海域への領海侵犯は2012年以降急増し、今なお続いています。中国が今後、沖縄に対してどういう行動を取るかは、翁長《おなが》県政次第です。

翁長知事は政府をはじめ沖縄県民を含む日本国民、そしてインド・アジア太平洋地域の人々にとって非常に厄介な存在です。政府と対抗する姿勢は一貫として続き、県内移設の合意には至っていません（そもそも、翁長知事のような原理主義者とは話し合いはできませんが）。さらに、県政そのものはまったくうまくいっていません。ほとんどの県民は、その行き詰まっている状態に不満があります。これは、2016年1月に行われた宜野湾《ぎのわん》市長選で明らかになりました。つまり、普天間基地の県内移設を事実上、容認する現職の候補が圧勝したのです。

さらに、翁長知事には那覇市長の時代から、龍柱《りゅうちゅう》の問題をはじめ、身内の優先的な人事や予算の発注など、不透明かつ説明責任が果たされていない数多くの疑惑があります。それは、どのくらい進展するか分かりませんが、いずれにしても、沖縄の理想的なシナリオは、翁長知事が辞任して、選挙が行われ、政府との関係が正常化するというものでしょう。

その場合、選挙では保守系の人が勝つのではないかと思います。理想としては、はっきりと正論が言える真の保守系の人がいいです。かつては、保守系と革新系が交互に務めていましたが、革新系の大田昌秀《まさひで》氏の後の、保守系と言われた稲嶺恵一《いなみねけいいち》氏と仲井眞弘多《いまひろかず》氏はやや革新系の主張と変わらなくなってしまいました。

沖縄の保守系のダメなところは、正論を言わないことです。ずっとサイレント・マジョリティだったから、翁長県政を生んでしまったのです。

ですから、真正保守の人が出てきて、真ん中より少し右のほうに振り子を振ってくれることが望ましい。今の沖縄には、発言力や魅力、強い倫理観を持った人が必要です。迎合主義に陥ることなく、信念に基づいて動く、無私の精神が必要です。

逆に、最悪のシナリオは、そのまま翁長県政が続き、政府との対立がずっと続くというものです。これは、みんなにとって不幸です。

翁長知事の問題点は、平気で嘘を言うということ、一方的な主張ばかりで、政府との真の対話を望んでいないということです。そのため、普天間基地問題に関連して、国連に行ってまた裁判などを行い、そして県民投票を呼びかけることにしています。ますます政府と衝突することになるでしょう。

ただ、県民投票は賛否を問う内容次第では負ける可能性もあるので、例えば、「沖縄は本土からもっと自立すべき」「沖縄は主権を持つべき」というような、明確に反対と言えないような曖昧なものにずるく設問すると考えられます。あるいは、「沖縄は独立すべき」というような極端な設問で是非を問うて負けたとしても、県民投票を実施したという既成事実をつくったという意味で、革新派の人たちにとっては「勝利」なのかもしれません。

スコットランドでは、2014年にイギリスからの独立の是非を問う住民投票が行われましたが、独立反対派が過半数を占めて独立賛成派が負けました。それについて、沖縄独立運動に関わっている琉球大学教授・島袋純《しまぶくろじゅん》氏は、「それでも歴史的に意義があった」と言っています。だから、もし沖縄でも「沖縄は日本から独立すべき」という県民投票をすれば、革新派はたとえ負けたとしても、「歴史的に意義がある」と言うかもしれません。

これからの沖縄に必要なもの

沖縄の一番の問題は、沖縄自身が責任を取らないことです。いつも「NO」ばかり言っていて、すでに政府との間で合意されているものに対しても、協力しないどころか、「国の決定事項なので、我々は関係ない」などと言って、知らんふりをする。しかし、相変わらず政府が決めると反対する。しかも、一方的な主張ばかりで、中央政府やアメリカなど他者の意見を受け入れない。そのように極めて非合理的なことをしています。ですから沖縄は、まず約束を守ることです。協力しないというのは、とても誠意に欠けていると思います。

一方で、政府はとても大変だと思いますが、今の沖縄をつくったのは政府でもあるので、政府にも大きな責任があります。これまで説明責任を果たしてきませんでしたし、大臣が次々と替わった上、どの大臣も沖縄や日米同盟についての勉強ができていませんでした。防衛大臣や外務大臣は、1996年のSACO（沖縄に関する特別行動委員会）の合意（※）から今日に至るまでの20年間で、それぞれ30名ほど入れ替わっていますし、総理大臣でも10名以上替わっています。それで沖縄県民から不信を買ったのです。

それから、政府は「自分たちは加害者である」という意識が強すぎます。第3章で述べたように、政府は沖縄のためにいろいろなことをやってきたのにもかかわらず、それを政府自身が勉強しておらず、知らないので説明できていません。それをいいことに、反対派は「上から目線」「政府は加害者」とずっと言い続けているのです。そういう沖縄の姿を見ていると、本当に残念に思います。翁長知事は、「差別」「暴論」

※沖縄における米軍の施設および区域の整理、統合、縮小と、米軍の運用方法の調整が定められた。

「暴言」と政府などを批判するのですが、はっきり申し上げると、翁長知事こそ、そうした姿を見せています。

この問題を解決していくには、やはり、日米間や政府内でもっと透明性のある議論をしていく必要があると思います。つまり、地方自治体に開かれた国政の議論をすべきだと考えています。

通常の国家の概念では少し考えにくい考え方ではあるのですが、例えば、米軍基地のある地方自治体が、日米がどのように議論しているのかを少し見える形にするということです。そうしないと、反対派はいつまでも、それを理由に反対しかねません。沖縄が政府の議論を見ることができたら、例えば、何か問題が生じそうなときに、米軍に対しては期待しているほどの発言権がないにしても、専権を持つ政府に対しては要請できます。これによって、協議の透明性と説明責任が確保できます。そうしたプロセスの上で合意がなされたのであれば、沖縄はちゃんと協力する義務が生じます。一般国民、メディアなども今までのように被害者ビジネスに対して黙っていられなくなると思います。

今の沖縄のために必要なことは、一つ目に、正論を言える正義感を持つ、まともな若い政治家、学者、教育者、ジャーナリスト、評論家、行政や経済界の人物の育成、養成。二つ目に、言論の空間を開いて、世論の空気を変えること。三つ目に、県民の教育、国民の教育、政府の教育だと思います。要するに、超党派的な国家観を持つ、国際的、学際的な研究所が必要であり、そして、県内の大学の徹底的な改革を行うべきです。それができてから初めて、米軍のあり方について、感情や利害ではなく、健全で客観的な知識に基づく議論ができるようになります。前提にしている知識が間違っていて、何が事実、真実なのかが分からなければ、いくら政策を打ち出したところで意味がありません。

普天間の問題は、本当は存在していません。政治家がつくった問題で、そもそも問題など存在していないのです。第2章で述べたように、普天間は危険ではありません。危険でもないのに、なぜそれほど莫大なお金を使って、戦略上の低下につながり、環境破壊をもたらしてまで移設する必要があるのでしょうか。また、独立運動を誕生させるほどの政治的な対立が生じ、日々の衝突が国内外で報道され、政府の国際的なイメージが大きなダメージを受けています。繰り返しますが、真実は、普天間は危険ではないし、普天間で一番うるさいのは米軍の騒音ではなく、反対運動です。

従軍慰安婦問題と沖縄問題は同じ

2015年末に日本政府は、いわゆる従軍慰安婦問題で韓国が設立する財団に10億円を拠出することで同意しましたが(慰安婦像撤去が前提とされている)、沖縄に対しても同じことをしています。2016年度の内閣府沖縄関係予算案が3350億円となりましたが、すごい厚遇です。しかも、2015年度より10億円の増額となっています。お金はあげればあげるほど欲しくなるものです。しかし、沖縄の問題はお金で解決する問題ではありません。

今年、なぜ予算を上げたかというと、沖縄担当大臣・島尻安伊子《しまじりあいこ》氏のメンツを立てるためでしょう。政府・自民党としては、島尻大臣は今年の参院選で再選が問われるので、「沖縄担当大臣として、これだけの予算を取りつけた」と見せたかったという典型的なパターンです。ただ、そういうことをすると、来年度以降も、同じくらいの予算を確保しないと、沖縄県庁やメディアはまた「差別されている」とか「本土は冷たい」と言い出します。沖縄はこれをずっと繰り返してきたのです。

この悪循環を止めるには、やはり断じて真実を言い続けていかなければいけません。「このくらいの補助金をあげてきたけど、何に使ったのですか。なぜ、一人当たり県民所得ランキングで沖縄が一番低いのですか。なぜ沖縄県の子供たちの貧困がこれほどひどいのですか。交付金などの使用に関する領収書を示しなさい」というような追及をしなければいけません。政府は加害者だからと遠慮して追及できないでいますが、そうした姿勢が不健全な体制をつくっているのです。追及すれば、最終的には県民が気づくでしょう。票を取るために、正論は言わず、迎合的なことしか言わないというのは、非常に危険です。

私は、沖縄に補助金をあげるべきではないと思っています。2013年に政府が仲井眞知事（当時）に8年間の補助金支給を約束したのは失策でした。そもそも要請したのもひどい。沖縄県にしっかりと国家観があれば、本当の意味で苦しんでいる同胞の東北のみなさんを優先すべきだったし、あるいは沖縄ほどの恩恵を受けていない地方に回すべきだったと私は思います。

中国の脅威にどう対抗するか

沖縄は、日本のなかで最も中国の脅威にさらされているわけですが、そうした脅威から沖縄を守るためには、十分な自衛隊を配備して、日本の領土、特に南西諸島をちゃんと守れる体制をつくることです。与那国島は2017年末までに自衛隊が配備されますが、本当は尖閣諸島にも、施政権を示すために、気象台や避難所、ヘリポートなどを整備するべきです。そうすれば、政府が情報収集や監視もすることができます。あとは、「侵入してきたら自衛隊が出て行くぞ」というような、自衛隊の意志や政府の意志をはっきり見せることが大事です。

また、同時に、外交が非常に重要です。二国間、地域間で、あるいは国際的に、中国が国際法に従わなければならない雰囲気を形成することです。なかでも、地域で形成するのが一番重要です。中国の正統性はゼロです。フィリピン、ベトナムなど、中国の脅威を受けている国々と生まれつつある連携を強化していただきたい。

そのためには、米軍と自衛隊がそれぞれ船を2隻ずつか1隻ずつ出して、一緒にアジア太平洋地域をパトロールするといいでしょう。現在、海兵隊と米海軍が1年に1回、3隻で同地域をパトロールしているのですが、負担がとても大きく、あまり船を休ませられないので故障も多くなっています。

理想としては、アメリカ、日本、オーストラリアの船が一緒に警官のように行動することです。そうすれば、アメリカとオーストラリアが1隻ずつ出せば、日本も1隻だけで済みますし、予備として交代船を持ったり、後方支援船を持ったりなど、いろいろなことが可能になります。また、それぞれが3隻ずつ出せば、3倍の効果になり、全部で9隻になるので、3倍の地域をカバーできます。あるいは、それぞれの船の行動する範囲を小さくすれば、負担が軽減するし、シンガポール、日本、フィリピンなどというように、拠点を分けて配置することも可能です。

オーストラリアは、アメリカの準同盟国であり、日本ともいい関係を築いています。シンガポールは、積極的に米軍を誘致しているし、日本ともいい関係です。また、新しい港も開発されています。前述したように、日本はフィリピンやベトナムとの防衛協力を模索しているのですが、私は、民主主義、人権の尊重、国際法を重視する日本を200パーセント支持しています。

時間が経てば経つほど、国際的な状況は悪化するので、いろいろな選択肢に早めに取り組んでおくことが大切です。尖閣問題も同様で、中国がまだ経済的にも軍事的にも力が弱かった1970年代に、港湾の整備など実効的な支配を進め、「尖閣諸島は日本の領土である」とアメリカに声明で明確にしておいてもらえばよかったのです。それをしなかったから、中国が示威的な行動を取ったり、領有権を主張したりする状態を招いてしまったのです。

これからの日米関係のゆくえ

オバマ大統領が度々、「アメリカは世界の警察官ではない」と主張しており、アメリカは今後アジアから徐々に撤退するということもよく言われていますが、アメリカとアジアとの関係はすでに２３０年以上続いています。２０１６年はアメリカの大統領選もありますが、誰が大統領になっても日本との関係を切ることはできないでしょう。今は、経済摩擦・貿易摩擦が激しかった１９８０年代のような日本叩きをしている共和党の候補が現れていますが。

それは、物理的にも、文化的にも、経済的にも不可能だし、さらに、安全保障上や外交的にも不可能です。孤立主義を取っていたアメリカが第二次世界大戦に参戦したきっかけは真珠湾攻撃ですが、このときに、安全保障や外交をおろそかにすると大きな災害に巻き込まれるという教訓を得ています。日本との関係を切るということは、そうした歴史を勉強していないということになるので、アメリカとしては考えられません。

2015年5月17日には、中国の習近平国家主席がケリー米国務長官との会談で、「広大な太平洋には中米2大国を受け入れる十分な空間がある」と発言しました。つまり、「中国とアメリカで太平洋を二分しよう」と言ってきているのですが、世界はアメリカのリーダーシップをまだ期待していますし、「国際的な問題が起きたときは、中国でもロシアでもなく、アメリカに電話をしてきます」と、やや矛盾しますが、オバマ大統領は述べています。ですから、世界の半分を中国の自由にさせるということはあってはなりません。

「やや矛盾する」と述べたのは、オバマ大統領は繰り返し、「アメリカは世界の警察官ではない」と発言しているからです。それには共感できますが、どのようにみんなが安全に生活できるような国際社会を形成していくかということは長年の課題です。

そもそも、世界に共通する普遍的な価値観を持って、責任ある行動をする国なら話は別ですが、中国は、それらをすべて満たしておらず、完全に利己主義で、自国の国民さえ犠牲にしても平気なくらい、他者を犠牲にして自分の利益を得るのが当たり前の国なので、そのような国と太平洋の分割などできないでしょう。

今後はおそらく、アメリカと日本との関係はより強くなっていくと思います。オバマ大統領は、「世界が協力して世界の秩序を守る」という発言もしていますが、そうであれば、当然、普遍的な価値観を共有する同盟国との関係は非常に重要です。とするると、アメリカにとって特に大事なのは日本とイギリスです。国際社会の連携を図るという意味では、日本は欠かせない存在なのです。

アメリカはもちろん国益のために動いていますが、アメリカほど世界のためにも働いた国はありません。そういう役割は、国際的な有効な機構がない限り、今のところアメリカしか果たせないと思います。

自由、民主主義、法の支配、基本的人権の尊重といった共通の価値観を持つ国同士がいかに連携するかが長年の課題です。いろいろな国があり、そうした価値観に向かっている国、向かっていない国、それを全面的に否定する国がありますが、同じ価値観に向かっている国同士がいかに早く協力体制を築き、そうでない国を同じ価値観に向かわせられるかが問題です。

中国はそうした価値観は受け入れられないと言い続けていますが、それはもう通用しないでしょう。天安門事件では、「急速な民主主義はできない。人口が多すぎるから混乱が生じる」と言って、民主化を求める学生を中国当局が武力で弾圧し、数多くの死者を出しましたが、結局、国のためではなく、共産党が政権、利権を維持するために、一党独裁支配を続けています。

ただ、日米関係は、アメリカ次第ではなく、日本次第だと思います。特に、今年は大統領選があるので、アメリカ国民やメディアは内向きになり、半分クレイジーになります。また、オバマ政権からだんだん高官がいなくなり、次の政権が誕生する2017年1月あるいはそれ以降まで、その後任が決まらないため、空白が生まれます。したがって、日本はこの1年間、日米関係を担わなければなりません。特にこれが重要なのは、アメリカにはたくさんの同盟国があるし、アメリカにとって重要な国はたくさんありますが、日本にとって最も重要な国がアメリカであることは間違いないからです。だからこそ、日本は影響力があります。アメリカに日本をさらによく思わせたいのであれば、日本は積極的に努力しなければいけません。

海兵隊の能力と役割

ここで、米軍について、簡単に少し説明したいと思います。米軍は、陸軍、海軍、空軍、海兵隊の四つの軍から編成されています。日本国民には海兵隊が一番分かりづらい組織でしょう。

その理由はさまざまあると思いますが、一つには、日本の自衛隊には海兵隊が存在しないので、知る方法がないということが挙げられるでしょう。例えば、米陸軍であれば陸上自衛隊から、米海軍であれば海上自衛隊から、米空軍であれば航空自衛隊から、それぞれどういう仕事をしているのか想像できます。しかし、自衛隊には海兵隊に相当するものがありません。

簡単に言うと、海兵隊は、海からの作戦、空からの作戦、地上からの作戦を同時に展開できる統合的な組織です。組織的に動いているので、非常に速く対応できることが特徴です。例えば、緊急即応部隊として常時、揚陸艦に乗船して待機している海兵隊を遠征部隊と呼びますが、この部隊は、命令が下されたら6時間以内に出動します。日本に駐留している遠征部隊は3隻で構成されていますが、その3隻だけで100以上の国々の力を合わせた以上の力があります。また、人道支援や災害救助への対応能力も世界一で、優しい組織でもあります。

海兵隊は、敵にとっては最悪の相手、味方にとっては最高の友人でしょう。私は、四つの軍のなかで一番魅力的で一番強い組織だと思っています。

日本に駐留している海兵隊は、「第三海兵遠征軍」と「海兵隊太平洋基地」の二つの組織から編成されています。前者は有事に対して派遣される部隊で、先ほどの遠征部隊も含まれます。後者は基地の維持・管理にあたる部隊です。

伝統的な家にたとえると、両者は、外で仕事をしているお父さんと、家を守っているお母さんです。第三海兵遠征軍がどこかに出かけて戻ってきたら、海兵隊太平洋基地が食事や寝床を用意するという関係です。

基地がなければ、第三海兵遠征軍が展開する拠点がなくなってしまうし、第三海兵遠征軍がなければ、基地を置く必要はありません。この二つはセットになっていて、単に配属が違うだけで、どちらの隊員も同じ教育・訓練を受けています。

第三海兵遠征軍は、日本で言えば〝110番〟部隊、アメリカで言えば〝911番〟部隊で、有事の際、大統領の電話一本で動きます。沖縄に駐留している部隊は24時間対応できます。東日本大震災のときは、震災発生後18時間以内に出動していました。

18時間というと長く感じるかもしれませんが、日本は主権国家なので、外国の軍隊である私たちは正式な要請がないと出動できないからです。要請があったのは震災発生から約8時間半後のことですので、そこから9時間程度で出動しています。

今回の熊本大地震のときには、正式な要請がきてから、海兵隊がオスプレイを飛ばして救援物資を輸送するなど、迅速な対応をしました。まさに、緊急対応に長けた組織です。

海兵隊太平洋基地は、以前は「在日米軍司令部」と呼んでいましたが、2011年10月1日に改変されました。第三海兵遠征軍との大きな違いは、この太平洋基地には、海兵隊員だけでなく、アメリカ政府関係者、日本人スタッフも務めていて、この三つのタイプの人たちで一つのチームになっているということです。日本国内で米軍に勤めている日本人スタッフは約2万5000人いるのですが、そのうち沖縄だけで約8000人になります。

海兵隊太平洋基地は、韓国やハワイにも施設を有していますが、沖縄の施設は現在、分散されているので、非常に非効率的なのです。これまでも述べてきた通り、米軍も沖縄県民も整理縮小を望んでいるのですが、政治家と利権者が間に立って、それを疎外しています。そのため、警備や土地の賃貸に莫大なお金がかかっています。私は11年前に在日米軍の整理縮小案を発表したのですが、それが実行されれば、基地面積を約78パーセントも減らすことができます。

大きな鍵になっているのは、自衛隊との共同使用です。日本には米軍基地が130施設・区域ありますが、そのうち、本土の米軍基地は98施設・区域で、48施設・区域が自衛隊との共同使用になっていますが、沖縄だけは共同使用の基地が一つに限定されており、32施設・区域中31施設・区域が米軍専用基地になっています。これがいわゆる沖縄問題の要因の一つになっていると思います。

ただ、すでに述べたように、実際にはほとんどの施設は何らかの形で共同使用されているのですが、公文書に反映されていないだけです。この事実がもっと知られれば、米軍が沖縄にとっていかに負担ではなく、財産であるかが分かります。

共同使用であれば、基地に反対すれば自衛隊を否定することにもなるので、反対運動は非常識的なものとみなされるでしょう。そのため、行政、政治、財政的な面から共同使用にすることが大きな解決策になります。

そして、もっと重要なのは、オープンに共同使用することによって、相互運用性や信頼関係を一層確立することができ、自衛隊と米軍の強い連携ができることです。昨今、中国が東シナ海や南シナ海で軍事的圧力を強めており、南西諸島の防衛がますます重要となってきているので、同盟国としての米軍と自衛隊の連携をもっと本気で考えなければいけません。

また、海兵隊は非常に柔軟な組織で任務に応じて編成されます。大きな仕事なら大きな組織をつくるし、小さな仕事なら小さな組織をつくるのですが、共通しているのは、編成の仕方です。編成は、海兵隊の基本的なドクトリンである「ＭＡＧＴＦ（マグタフ）」に基づきます。日本では「海兵空陸機動部隊」と訳されますが、海兵隊では「海兵空陸任務部隊」と訳しています。いずれにしても、司令部、地上部隊、兵站、そして輸送手段である航空団から編成されており、大きな作戦であれば遠征軍になるし、小さな作戦であれば特殊部隊のようなものになりますが、多かれ少なかれ、この四つの機能を有しています。ちなみに、災害に派遣するものは、その中間規模の海兵遠征旅団です。

日本は自衛力を見直すべきとき

今後もアメリカはアジアに関与し続けると思いますが、一方で、アメリカの力が停滞してきているのも事実です。

アメリカ国内では、オバマ大統領の「アメリカは世界の警察官ではない」という発言を無責任だと思っている人もいます。ただ、超党派的に、国際的な問題は国際的に連携しないと解決できないという認識も生まれています。アメリカは財政的に、もうこれ以上、単独では国際問題を解決できないし、その後の処理も難しい。だから、同盟国やその地域に影響力のある国々と連携してやっていきたいと考えています。

アメリカの今の財政赤字は最悪の状態なので、まずは財政を再建しないといけません。おそらく、今年はそういう議論が大きくなると思います。真剣にその議論が出なければ、逆に非常に困ります。ですから、アメリカ、特に共和党の候補は、日本に再軍備してほしいと思っています。それは今に始まったことではなく、１９５０年代から長い間要請していることですが、これまで日本が非常に消極的で断っていました。確かに、ニクソン政権のときはキッシンジャーが、日本が核兵器を持つことを懸念していました。しかし、通常の軍備強化についてはそれほど恐れていたわけではありません。

個人的には私は、日本が核兵器を持つのは、国際的な世論からして、よくないだけではなく、軍事上、必要ではないと考えています。それは、唯一の被爆体験国として、世界に廃絶、軍縮などを訴えるのには外交上極めて有利であり、日本のソフトパワーの重要な要素の一つと考えているからです。それに、ハードパワーとしても使えない核兵器を持つだけで、より安全になるとは思えないからです。

朝鮮戦争が終わり、翌1954年にアメリカは「日本がここまで再軍備を嫌がり、経済を優先したいということなら、これ以上は追及しない」ということにしました。その結果、1960年代後半から1970年代に、日本は経済的に豊かになり、世界第2位の経済大国になりました。しかし、1980年代の日米間の貿易摩擦が激しくなったとき、「日本は安全保障をタダ乗りしている」という猛烈な批判がアメリカから起こりました。ほとんどと言ってもいいくらい、アメリカが日本の再軍備を望んでいない時期はなかったのです。

ですから、いずれ日本は自前の空母もつくる方向になると思います。技術的にはまったく問題ありませんが、問題は、憲法9条やその解釈です。9条では「戦争の放棄」が謳われており、日本は国際紛争の解決手段としての武力は持てないことになっています。それを解釈で、自衛力は認められるけど、戦力は認められないとしていますが、自衛隊は、実質は軍隊です。そういう憲法の問題も含めて、日本の自衛力については、将来、見直す必要があると思います。

2015年の年末に、中国が新たに国産空母を建造していることが明らかになりました。その目的が「世界の平和のために」というのであればいいのですが、「東南アジアを含む東シナ海を支配圏にしたい」という自己利益を追求するためのものです。そうした国に対しては、やはり国際社会が連携して対抗しなければいけません。それには、日本が空母を持つことによって、国際社会の一員として、しかも、非常に尊敬されている国として、シーレーンの防衛を担うなど、それなりの国際的な役割を果たすべきです。日本の経済や社会は輸出入に大きく依存しているので国益にも適います。

自衛隊にプライドを

ここで自衛隊についても考えたいと思います。日本の自衛隊は、装備の面ではとても優れています。体制も、南西諸島の人員配置が不足していることと、配置している場所がよくないという課題がありますが、それ以外はよくできています。

問題は、装備よりソフトの面です。米軍では装備よりも人材を重視するのですが、日本の場合、『防衛白書』を読んでいると、隊員やその福祉と教育よりも、装備の紹介と予算に力を入れている感じがします。2015年に私が月刊「正論」に「自衛官の教育と福祉にもう少し投資すべき」という論文を書いても、まったく反応がありませんでした。そうした隊員の士気についての関心が薄いところが心配です。

それから、陸・海・空自衛隊が一体的に活動する統合運用が実現できていないのも長年の課題です。統合運用体制が導入されたのは2006年3月ですが、それが初めて試行されたのは、その5年後の2011年3月の東日本大震災のときでした。それも結局、統合ではなく、共同作業で終わってしまっただけで、統合運用まではできていませんでした。その後、よくなっていますが。

また、日米の相互運用性が足りないのも問題でしょう。

さらに、日本の自衛隊は実戦の経験がほとんどないので、緊張感がどれほどあるのか分からないというところも問題だと思います。どれほど優秀な人材がいて、どれほど優れた装備があって、どれほど予算が潤沢にあったとしても、経験がなければ、いざというときに、危機管理体制や指揮体制がちゃんと機能し、素早く正しい判断ができるかは分かりません。私は自衛隊と長年一緒に仕事をしてきましたが、自衛隊はとても立派で尊敬している方々ばかりですが、同時に非常に官僚的な組織でもあります。その官僚的な部分は、危機的な状況のなかでは、速やかに対応できないなどの理由から極めて危ないと懸念しているのは、正直な気持ちです。

自衛隊自身の課題のほかに、自衛隊を支えるべき国民にも反省すべき点があります。私は自衛隊の大ファンなのですが、日本国民が、自衛隊がいかに頑張っているのかを本当に分かっているのかとても疑問に感じています。身内や友達に自衛官がいる人はほとんどいなく、おそらく多くの方にとっては、自衛隊とは非常に遠い存在なのではないでしょうか。それが本当に残念に思います。

自衛隊は、もちろん法律内、文民統制の下で活動しているのですが、頑張れる原動力になるのは、ふるさとや家族、国民からの熱い理解や支持です。だからこそ、自衛隊は、「守るべきものがある」のようなスローガンを掲げて、国、ふるさと、家族や国民の平和を守ることに人生をかけています。

数年前に私がふるさとに帰ったとき、たまたまその直前に私の同級生と、私のお世話になっていた人の奥さんが亡くなりました。二人ともたまたま同じ墓地にお墓があったので、お墓参りに行ったのですが、その墓地には赤い旗がたくさん立てられていました。その日はちょうど独立記念日の近くだったのですが、アメリカでは独立記念日の前後に、退役軍人の会や地元のスカウトたちは、亡くなった米軍の関係者のお墓に、星条旗と所属した軍の旗を置くことが習慣になっています。ロゴがついている赤い旗は海兵隊のものです。私はたくさんの赤い旗を見て、自分のふるさとで、これほど多くの町民が海兵隊に入っていたのかと驚き、プライドがあふれました。忘れることはできない風景でした。

米軍が強いのは、これと関係していると思います。つまり、兄弟や父親、母親、従兄弟、友達、同級生、近所のお兄ちゃん、お姉ちゃんなど、自分の親しい人が米軍に所属していて、どこかで米軍とつながっているので、国民と軍の連携が強くて、分けることができないのです。そういうことを、日本国民には知ってほしいと思います。外で熱い国民の支持があるからこそ、自衛隊は堂々と自信を持って仕事ができます。外で制服を着用できるくらい、自衛隊にプライドを持たせてあげれば、自衛隊はもっと強くなります。もちろん、法律と文民統制があるので、強くなるのは無条件ではありません。

愛国心がない日本人

日本人には愛国心があまりないように思います。その理由は、①自分で自分の国を守らない、②自衛隊を心より敬意を表し、尊敬しない、③国旗・国歌を尊敬しない、④海外に住んだことがないために日本のよさを知らないということが挙げられます。

例えば、「いざというとき、日本のために身を捧げる」と言える日本の若者に会ったことがありません。私が神戸大学大学院で学んでいた頃、ゼミの後輩が私のアパートに泊まり込みで、修士論文の翻訳の手伝いに来てくれたことがありました。当時、1996年で、ちょうど台湾海峡危機（※）が起きていたときだったのですが、彼に、「例えば、日本が攻撃されて、侵略された場合、戦いますか」と寝る前に聞いたら、「いや、戦わない」と答えたのです。彼は、左系ではないし、好青年で、とても真面目な人だったので、その返答にすごく驚いたのですが、それは日本人の代表的な意見なのだと思います。というのは、それ以外の返事は聞いたことがないからです。

特に若い人たちには、「本当に国を守りたい」という感じがあまりないのではないでしょうか。自衛隊を尊敬していないし、自衛隊に入りたがらない。自分の国を守るということを他人や他国に任せっぱなしの国民のように感じます。しかし、「いざ」というときには、みんなで協力しないといけないということを知ってほしいと思います。

※ 1996年の台湾総統選挙で台湾独立を主張する李登輝氏が優勢となると、中国は、それを牽制しようと、台湾海峡に複数のミサイルを撃ち込んだ。これに対し、アメリカが空母を急派し、米中間に一気に緊張が高まった。

また、日本では、祭日に自宅の前に日の丸を掲揚している家庭をほとんど見かけません。アメリカでは、幼稚園から高校まで、つまり義務教育の期間、教室に国旗が掲げられています。子供たちは毎朝、国旗に対して「I pledge allegiance to the Flag of the United States of America.（私はアメリカ合衆国の国旗に忠誠を誓います）」と、右手を左胸に置いて誓います。これは移民の子供も同様に行います。国歌も何かにつけて歌います。高校の試合や卒業式ではもちろん、ボーイスカウトでも歌いますし、米軍基地では映画が始まる前にも歌います。プロ野球の試合をはじめ、プロのスポーツ、大学、高校などのスポーツの試合の前に必ず歌います。日本はその逆で、歌う機会が滅多にありません。

歌うどころか、掲揚することさえしない国立の大学が気になるほど多くあります。例えば、琉球大学では入学式に国旗掲揚をしませんが、沖縄だけではなく、本土にもそういう大学があります。また、このたび、民進党という新しい政党がまた誕生しましたが、立党の際の国旗掲揚の仕方には多くの指摘がありました。愛国主義や国家に対するプライドのなさ、つまり、国家に対する感謝がいかに軽薄であるかを象徴していると言わざるを得ません。アメリカの幼稚園の児童は、日本の大学生または野党の政治家より愛国主義を持っています。

しかし、国旗・国歌は国のシンボルなので、触れる機会が少なくなればなるほど、国民の団結力が弱くなるのは当然です。国歌を歌っているときなどはいろいろ考えさせられるし、自分がその国の国民であることの再確認ができます。移民国家であるアメリカだからこそ、そういうシンボルを特に大事にするのかもしれませんが、日本ではもっと大切にしてほしいです。

それから、日本人は国際比較があまりできないので、愛国心が育たないのではないかと思います。海外に出て行く人が少ないので、日本人のアイデンティティーがまだ確立されていないのです。

留学などをして海外に住んでみて初めて、日本人というものは何なのか、自分はどういう国から来ているのか、海外の人とどう違うのかということが分かります。もちろん、違いもあれば共通するところもありますが、「日本人」という特別な存在なのです。それを知らなすぎます。それは「区別（distinction）」であって、「排除（discrimination）」ではありません。日本のことも知らず、海外のことも知らないまま、日本のことを言うのは、本当の愛国心ではないと思います。

ですから、私は、若い人たちには留学が極めて重要だと思っています。一般的に留学の目的や効果は、「国際理解」という言葉で片付けられてしまいがちですが、それだけではなくて、自分が成長するということもありますし、一番重要なのは、初めて自分の国籍を感じられるようになるということです。それは苦労がないと感じられないもので、旅行だけでは分かりません。長く外国にいると、いろいろな場面で、受け止め方、考え方、対応の仕方が、自分とその国の人とではどう違うかを感じるのです。

日本は世界から尊敬されている国

それから、今の話と少し矛盾するかもしれませんが、海外では、日本の保守活動や愛国主義（Patriotism）を〝国家主義（Nationalism）〟と呼んでいます。私は、それは大変失礼だと思います。そう呼ぶ人たちから見れば、国家主義かもしれませんが、日本人からすれば、それは愛国主義で、当然の表れです。同じ現象ですが、国籍や立場によって呼び方が違うだけです。しかし、重要なのは、愛国主義が排斥主義、排除主義、優越主義で暴走すれば、それはどの国でもよくありません。

ただ、日本に住んでいる私からすると、日本には真の愛国主義が足りなすぎます。それは、やはり、戦前の日本を否定する戦後教育が問題です。革新系の人たちは、国家や権力というものに抵抗していますが、そもそも、その国自体が存在しないと、国民がバラバラになってしまいます。だから、自国に対する尊敬は大事です。

日本は少なくとも、戦後は民主主義国家として歩んできて、世界に対する貢献においても非常にいい実績を残しています。それをちゃんと認めて尊敬することが大事です。歴史の見方と、国際社会における役割、広報と外交は非常に緊密につながっています。国民のプライドを海外で発信すると、それが海外で評価され、また一つのプライドのもとになるのです。

日本は実は世界で尊敬されている国です。それを日本人はどれほど自覚しているでしょうか。日本というだけで憧れている国が山ほどあります。韓国、中国をはじめとする多くの国々の女性は日本の女性のようになりたくて仕方がないわけですし、日本の品物、品格、品質、生産性、あらゆるものが尊敬されています。

海外に住んだら、いかに日本という国は恵まれているのかということに初めて気づくのではないでしょうか。日本離れする人もいるかもしれませんが、真剣に、真面目に考えた人は、初めて、自分が日本人であるということ、日本はいい国だということに気づくと思います。

日本が世界で果たすべき役割

これからの日本は、国際社会における地位を高めることが非常に重要です。つまり、国際社会に対して、人道支援をしたり、近代社会、安全な社会をつくるノウハウを提供したりしていくことです。お金というより、知的なノウハウです。それによって、日本のファンがさらに増えるでしょう。

先日、テレビのある番組で、シリアから来た女性が、日本の小学校でその紛争地域の様子を紹介していたのですが、「いつかシリアの子供たちが日本のような安全な社会、幸せな社会を体験できたらいいな」と言っていました。そのように、日本という国は、海外の人たちから、「治安がいい」「経済レベルが高い」「高等教育を受けた国民」「勤勉な国民」「健康な国民」「非常に豊かで幸せ」というようにみなされています。本当に恵まれた国です。日本の生活や社会制度、災害対策などは、世界から本当に憧れられています。

ですから、日本はもっと世界に出て行き、そうした憧れられている部分を展開していくべきです。そして、「日本と連携すれば、自分の国もそうなる」という期待感を持たせられたら、日本の広報外交や平和外交にうまくつながると思います。これは、物理的な裕福というだけではなく、制度や考え方、ガバナンスといった、近代国家の最も重要なあり方そのものです。

中国は今、経済が崩壊していて、これからますます混乱が生じると思うので、今年こそ、中国との差別化をしていくといいでしょう。中国か日本かという二つの選択肢ではなく、世界各国が、共通の価値観を持っている日本と一緒に手を組みたいと思える日本をどんどん見せてもらいたいです。

共通の価値観である、自由、民主主義、法の支配、基本的人権の尊重というものは、本来は普遍的なものですが、それぞれの国の事情で、それらがまだ整っていない国も数多くあります。明治維新を成し遂げた日本は、それらの国々にどうやって近代化すればいいかということを教えられると思います。

第7章

［釈量子］

幸福実現党、かく戦えり
沖縄編

RYOKO SHAKU

国難を予見し、幸福実現党が立党

幸福実現党は、7年前の2009年5月に立党しました。その直接のきっかけとなったのは、前月の4月5日に、北朝鮮がミサイルを発射したことでした。そのミサイルは日本の上空を越えて太平洋沖に落ちたにもかかわらず、各メディアは、何ら危険はないかのように、「ミサイル」という表現を避けて、「飛翔体」という言葉を選びました。

当時、すでに実戦配備している北朝鮮のノドンミサイル等は、日本の全領域が射程距離に入っており、これに対して日本側は、迎撃ミサイルのパトリオット（PAC‐3）を有してはいましたが、命中させられるかどうか不確実でした。もし北朝鮮から撃ち込まれたら、場合によっては数十万人もの人々の命が失われる可能性があるという危険な状況だったのです（それは現在も変わりません）。

それにもかかわらず、政府（当時の麻生政権）は、北朝鮮に対して断固たる姿勢を取ることもできず、8月の総選挙を前に、この問題を選挙の争点として挙げることからも逃げていました。国難が迫っているなか、もはや自公政権にこの日本を任せておくわけにはいかず、だからといって、マスコミが持ち上げていた民主党（当時）をはじめとする他の政党という選択肢もありません。そのような状況で、迫りくる国難に備えるために、幸福の科学グループ創始者にして幸福実現党の創設者・大川隆法総裁は『幸福実現党宣言』を世に出し、幸福実現党が誕生したのです。

幸福実現党は「政教分離」に反する⁉

幸福実現党は、宗教法人・幸福の科学を支持母体とする宗教政党です。幸福の科学グループの大川隆法総裁が、幸福実現党の創立者でもあり、党総裁です。

国内の宗教政党としては、公明党が創価学会を支持母体として活動しており、現在、政権の一角を占めています。同党は、組織の概要などで創価学会との関係を明確にしていないため、一般有権者からするとやや分かりにくいのですが、幸福実現党は対照的に、正面から宗教政党であるとお伝えしています。

日本では「宗教政党」があまり一般的でないこともあり、または、「戦前、国家が神道と結びついて悲惨な戦争を起こした。その教訓から、宗教と政治は結びついてはいけない」という教育がなされていることもあり、幸福実現党の政治活動に対して、「政教分離に反する」という見方をされる方もいます。

しかし、そもそも憲法で定められている「政教分離」は、「政府が特定の宗教と組んで、他の宗教を弾圧してはならない」というものです。つまり、国家権力を牽制するための条項であり、宗教団体が政治活動をしてはならないという内容ではありません。政教分離の規定は、あくまで、「信教の自由」を制度的に保障するためのものなのです。

逆に、「宗教家は政治家になれない」ということであれば、それこそ、職業選択の自由を保障している憲法22条に違反することになります。現に、衆議院議長や自民党幹事長、建設大臣などを歴任された綿貫民輔《わたぬきたみすけ》氏は、富山県の井波《いなみ》八幡宮の15代目として、神職を務められていました。宗教者が政治に関わることができないということであれば、綿貫氏のような政治家は、憲法違反ということになってしまいます。「それは不合理、間違いだ」ということは明白でしょう。

政教分離は、私人である宗教関係者を縛るものではなく、あくまで国家を縛るものであるということを強調しておきたいと思います。憲法において、宗教が政治に参加することは、認められているのです。

また、「2009年に突如、幸福の科学が幸福実現党を立ち上げた」というイメージを持たれている方もいらっしゃるかもしれませんが、実は、幸福の科学は幸福実現党の立党前から、政府への提言や啓蒙活動の実績を重ねていました。

近隣の独裁国家の脅威や、日本の国際貢献の必要性をかねてから訴え、憲法9条の改正や、中国や北朝鮮の脅威に備えるための外交・軍事の提言も行ってきましたし、経済面でも、交通インフラ網の整備や省庁改革、金融政策、規制緩和、減税等を繰り返し訴えてきました。また、宗教的見地から、脳死と臓器移植の問題、自殺防止、ゆとり教育、いじめ問題について啓発活動も行っていました。

宗教という「あの世とこの世を貫いた視点」から見て、政府の行っている政策を正していこう、政策の方向性が正しければ応援しようとする、不断の活動が長年行われていたのです。現在、幸福実現党は、「先見性」や「正義」によって日本の政治を先導する活動をしておりますが、幸福を実現するための活動は、立党のはるか前から始まっていたのです。

金城タツローが沖縄で立つ

このような経緯で幸福実現党は立党されました。そして、2009年7月には衆議院が解散となり、8月に衆院総選挙へと突入。幸福実現党は政権を担わんとする覚悟で、全国のほぼすべての小選挙区で候補者を擁立しました。そのなかの一人が、沖縄で立った金城タツローです。

当時、幸福の科学の研修施設である沖縄正心館に奉職していた金城は、同館で執り行っている祈願「戦争と平和のための祈り」を読みながら、沖縄がまた戦争に巻き込まれないようにするにはどうすればいいのかということを日々考えていたそうです。

ある日、中国の脅威を訴える書籍に興味を持ち、中国の軍事的覇権が沖縄に迫っていることを強く認識し、沖縄県民の命と財産を守らなければいけないと感じたといいます。金城は次のように語っていました。

「沖縄は、琉球王国時代には中国（清王朝）に臣下の礼を取っていましたが、そのときに清から送られてきたラクダを象《かたど》った玉璽《ぎょくじ》が、現在も首里城《しゅりじょう》に展示されています。琉球にはラクダはいないのですが、なぜラクダなのかというと、同じく朝貢していたチベットが元の時代に送られたものがラクダの玉璽だったからです。つまり、中国にとって沖縄はチベットと同じランクであることを意味していると説明には書いてあります。

そのチベットは1949年に中国に侵略され、約120万人が虐殺されたと言われています（20年前の沖縄県の人口とほぼ同じ数です）。こうした現状に危機感を抱いたんです」

日頃からよくこうした話をしていたこともあって、金城に衆院選出馬への期待の声が集まりました。それに対して、金城は迷うことなく引き受けてくれました。

当時を振り返って、「身内からは反対や批判も受け、時には喧嘩や口論になったこともありましたが、『中国の脅威から沖縄を守り、世界に平和を発信する島にしたい』と常日頃思っていたので、立候補の話を断るということは考えなかった」と、金城は言います。

選挙の争点としての「普天間問題」の始まり

衆院選がいよいよ近づいてきていた2009年7月18日、大川隆法総裁が沖縄コンベンションセンターで講演「国を守る勇気を」を行い、沖縄県民に次のように警鐘を鳴らしました（『大川隆法政治講演集2009 第4巻　志を崩さない』所収）。

「もし台湾が中国に併合された場合、中国は、その次には沖縄を狙ってくる。はっきり言えば、尖閣諸島や沖縄の島嶼群で、紛争が必ず起きるであろう。それは、それほど先のことではない」と。

中国による台湾併合は、中華人民共和国憲法に「台湾は中華人民共和国の神聖な領土の一部であり、祖国統一は中国人民の職責である」と記されていることからも分かるように、中国共産党の悲願とも言えます。中国軍事研究家の平松茂雄《ひらまつしげお》先生は、台湾併合の時期を、中国共産党創立100周年の2021年頃と予測しています。

近年、台湾の学生による「ひまわり革命」が起こったことや、民進党の蔡英文《さいえいぶん》氏が、対中接近派の馬英九《ばえいきゅう》氏を破って総統に就任することにも、中国に併合される危機感を台湾の人々が感じているということが表れています。

もし中国と台湾との間で紛争が起こり、台湾が中国に併合されることになれば、

「沖縄併合」も現実化してきます。そうでなくても、中国からすると、法の欠缺《けんけつ》や装備の不足を克服できていない日本の離島は、非常に狙いやすいのです。米軍のプレゼンスが下がる方向で進めば、なお一層、中国は傍若無人に、「ここは中国領」と宣言する流れをつくることになります。

このような危機の時代が予見されたため、幸福実現党は、北朝鮮・中国の核ミサイル問題を争点の一つとし、その危機に備えるために、「独自の防衛体制の構築」や「日米同盟の堅持」、「集団的自衛権の政府解釈の見直し」等を政策として掲げ、国防強化を急ぐよう訴えました。

しかし、残念ながら世論は、私たちの指す方向とは正反対の方向に舵を切り始めました。

金城の選挙区である沖縄3区では、金城のほかに4人の立候補者がいたのですが、そのうち、民主党からは玉城《たまき》デニー氏が立候補していました。その応援演説に来た鳩山由紀夫民主党代表（当時）が、自民党政権下ですでに進んでいた普天間基地の辺野古への移設を、「最低でも県外」と言い出したのです。それによって、普天間基地の辺野古移設が最大の争点になり、民主党への期待が一気に高まってしまいました。それまでずっと自民党を支持していた方でも、「今回は民主党にする」と、民主党に流れていったようです。

この背景には、メディアの報道が大きく影響していたと思います。

沖縄に限らないことですが、戦争を体験した方は、航空機の音などを聞くと、どうしても先の戦争を思い出してしまうそうです。普天間飛行場や嘉手納《かでな》飛行場の近くに住んでいる方は特に、航空機が飛び立つ音などをよく聞くでしょうから（空港の近くも同じですが）、つらくて苦しい思いをされているかもしれません。

ただ、沖縄メディアは、そうした方々の気持ちを利用して、「基地があると、また沖縄が狙われる」と恐怖心を煽り、反米反基地を訴えているように思えます。また、「そうした危険なものを沖縄に押しつけて、本土の人はのうのうと平和を享受している」と、差別意識、犠牲者意識を植えつけています。

私は、先の戦争を経験した方々の苦しみが少しでも癒えるようにしたいと願っていますが、沖縄メディアのこうした主張には賛同できません。本書でエルドリッヂ先生と度々述べてきたように、沖縄に基地があるのは、地政学上、日本やアジア太平洋地域の平和にとって沖縄が極めて重要な位置にあるからであり、基地があるからこそ沖縄は守られているのです。

しかし、沖縄の新聞ではそうした事実が書かれていないため、毎日読んでいるうちに、自然と基地は怖いものというイメージが刷り込まれてしまいます。その結果、2009年の衆院選では、「県外移設」をしてその負担から解放してくれるという鳩山氏・民主党に期待が高まり、民主党の圧勝につながりました。

中国の脅威が現実化

鳩山氏の「最低でも県外」発言から始まった普天間問題の迷走は、その後、同氏が

「学べば学ぶほど海兵隊の抑止力が分かった」（2010年5月4日）と述べて、県外移設が現実的に困難なことが明らかになってからも尾を引きました。これが一つの要因にもなり、2010年6月に鳩山内閣は総辞職に追い込まれますが、その年の7月の参院選においても、11月の沖縄県知事選においても、すべての候補者が「県外移設」を主張しました。そのなかで、金城はただ一人、「県内移設」を掲げて、両選挙を戦ったのです。

しかし、報道で金城が他の候補者と同等に扱われることはありませんでした。県知事選2カ月前の9月1日、沖縄タイムス社・琉球放送（RBC）共催の番組で候補者の公開討論会が行われましたが、出演者として呼ばれたのは、自民党県連、公明党が擁立する仲井眞《なかいま》弘多《ひろかず》氏と、社民党県連、共産党県委、社大党が擁立する伊波《いは》洋一《よういち》氏だけでした。金城は出馬表明していたにもかかわらず、討論会が開催されることさえ知らされておらず、完全に泡沫候補として扱われていたのです。

そうしたマスコミの不公平な報道姿勢に対し、金城は、番組の収録に観客として参加し、収録直前、立ち上がって、「私は金城タツローと申します。3人目の沖縄県知事選挙立候補者でございます。私も候補者の一人ですが、呼ばれませんでした。私の言うことも聞いてください」と、会場にいる人たちに訴えかけました。

また、NHKの取材を受けた際には、「県知事になって何をしたいのですか」という記者の質問に、金城が「私が県知事になったら、辺野古の公有水面埋め立ての承認をします」と答えたところ、記者たちが急にカメラをたたんで帰ってしまったこともあるそうです。

それほど選挙戦は幸福実現党にとって逆風しか吹いていない状況でしたが、ただ、政治評論家の故・三宅久之《みやけひさゆき》氏や評論家の金美齢《きんびれい》氏は、テレビ番組でこのときの知事選について、「幸福実現党の候補者が正論だった」と評してくださっていました。それは、金城をはじめ、幸福実現党の党員にとっては、一つの自信になったと思います。

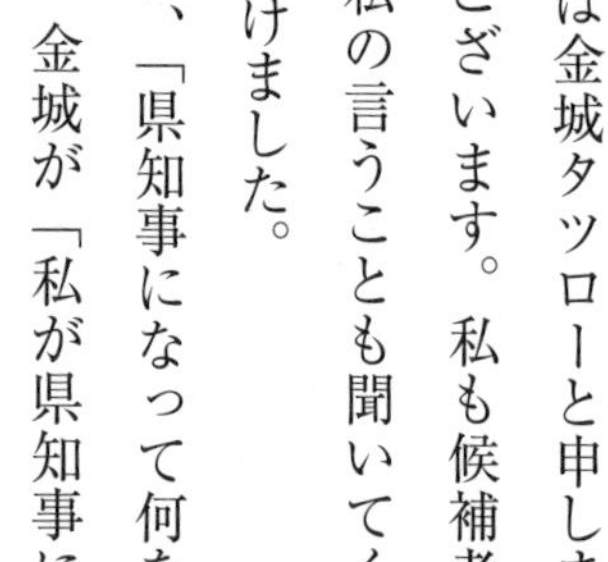

琉球放送に抗議する金城

そんななか、9月7日、尖閣諸島中国漁船衝突事件が起こりました。尖閣諸島沖で違法操業をしていた中国漁船が、日本の領海からの退去を命じた海上保安庁の巡視船に体当たりした事件です。

中国は、1968年に尖閣諸島の周辺海域に石油資源が埋蔵されている可能性が指摘されると、1971年から急に「尖閣諸島は中国の領土」と公に主張し始めて、1992年には、「領海法」を制定し、法律上も「尖閣諸島は中国の領土」と定めたのです。そして、いよいよその主張通り、実効支配を狙って行動に出てきたのでした。

この事件により、沖縄では中国に対する反感や危機感が強まり、幸福実現党の主張に一目置いてくださる方も出てき始めました。金城に「中国から沖縄を守ってくれ」と声をかけてこられる方もいました。

また、大川隆法党名誉総裁（当時）が10月30日、31日、知事選に合わせて沖縄入りし、県内2カ所で講演会が開かれました。「国境を守る人々へ」「この国を守る責任」（『平和への決断』所収）と題した講演では、米軍が沖縄から撤退したら中国に占領されるとして、日米同盟が壊れない方向で政治選択をすること、そして、国益を考えて正論を押し通すことの大切さを訴えられました。

「県内移設」を訴える金城とその支援者は、選挙戦が始まるとさらに奮起し、県庁前で緊急デモ集会を開いたり、海上保安庁前で、出勤する海保職員の方々に激励のチラシを配布したりするなど、中国の脅威を訴えるとともに、実際に尖閣諸島を守ってくれている人たちに感謝と応援の思いを伝えました。また、全国でも、党員たちが横浜や大阪をはじめ、一斉に街宣を行い、「尖閣を守れ」と声を上げました。

ちなみに、県知事選投開票日の5日前、11月23日には、北朝鮮が韓国・延坪島《ヨンピョンド》に砲撃するといった事件が起こりました。韓国も対抗射撃を行ったため、一時砲撃戦となり、東アジアに一気に緊張が走りました。

結局、参院選においても県知事選においても、自民党が推薦する現職の再選となりました。

「沖縄・九州防衛プロジェクト」スタート

立党3周年を目前に控えた2012年5月13日、東京・赤坂にある党本部「ユートピア活動推進館」で行われた法話「宗教立国の実現」の質疑応答で、大川隆法党名誉総裁（当時）は改めて、中国による植民地化への警鐘を鳴らしました。沖縄をめぐる国際情勢がさらに緊迫化していることから、矢内筆勝《やないひっしょう》出版局長（当時）と江夏正敏《えなつまさとし》HS政経塾塾長（当時）を中心に、「沖縄・九州防衛プロジェクト」を発足させました。これは、中国・北朝鮮の軍事的脅威から沖縄・九州を守り抜くため、日本人に国防の意識を持ってもらうための啓蒙活動です。

6月には沖縄で、反米反基地を主張する地元2紙が報じない真実を伝えるため、フリーペーパー「ゆんたくシーサー」を刊行し、中国の脅威が迫っていることを説明し、「米軍が撤退すれば沖縄は中国に支配される」と訴えました。

同月17日に宜野湾《ぎのわん》市で開かれたオスプレイ反対集会では、同誌を1万冊ほど配布しました。なかには、配っていた金城の耳元で、「頑張ってください。職場で動員がかかっているから来たけど、みなさんの意見に賛成です」と言ってきてくださる方もいました。

さらに、幸福の科学から、アジアの軍事独裁国家に占領された日本の姿を描いた映画「ファイナル・ジャッジメント」（２０１２年６月）が公開されたのを機に、日本最西端の地・与那国島でも全世帯に「ゆんたくシーサー」を配布し、国防の重要性を訴えました。当時、この島は、二人の警察官と2丁の拳銃だけで警備されていることから「2丁拳銃の島」と呼ばれていました。国境の島としては信じられないほど防衛体制が薄弱で、南西諸島の防衛体制強化を主張する幸福実現党の政策には、多くの方にご賛同いただけました（２０１６年3月、陸上自衛隊１６０人が配備された）。

また、国防強化を訴える「横断幕」も張り始めました。車社会の沖縄では、ポスタ

ゆんたくシーサー

ーやのぼりはあまり使われず、その代わりに横断幕がよく使われます。同窓会の告知なども道路脇に横断幕を張って行う習慣があります。

当時、左翼勢力は、いたるところに基地反対の主張を掲げた横断幕を張っていましたが、保守派の横断幕はなかったので、「中国の危機が迫っている」「オスプレイは安全だ」「日米同盟堅持」と書いた横断幕を200枚くらい、沖縄県中に張りました。

こうした活動で、沖縄の空気が一気に変わったような気がします。

さらに、県民意識調査も独自で行いました。当時、各社の世論調査では、普天間基地の「辺野古移設に反対」の意見が大半を占めるとされていました。また、琉球新報社と毎日新聞社による合同世論調査では、「県内移設に反対」の意見が約89パーセントと報じられていました（県民828人の回答）。しかし、幸福実現党が、県民3000人を対象に訪問調査を実施したところ、なんと「県内移設に賛成または容認」が約90パーセントにも上ったのです。

なぜこのような数字の違いが出たのかというと、調査方法が異なるからです。新聞は、固定電話による調査なので、対象は、自宅に電話回線を引いていて、昼間に電話を取れる方に限られます。そうすると、仕事や学校で日中家にいない社会人や学生の声は反映されにくく、ご年配の方の意見に偏りがちになります。一方で、幸福実現党の調査では、若い人たちの声も反映されており、あらゆる世代の方々の意見が万遍なく入った結果になっているのです。

私たちは、この調査結果をもとに、沖縄タイムスに全面広告を打ち、県民の本当の声を公に訴えました。

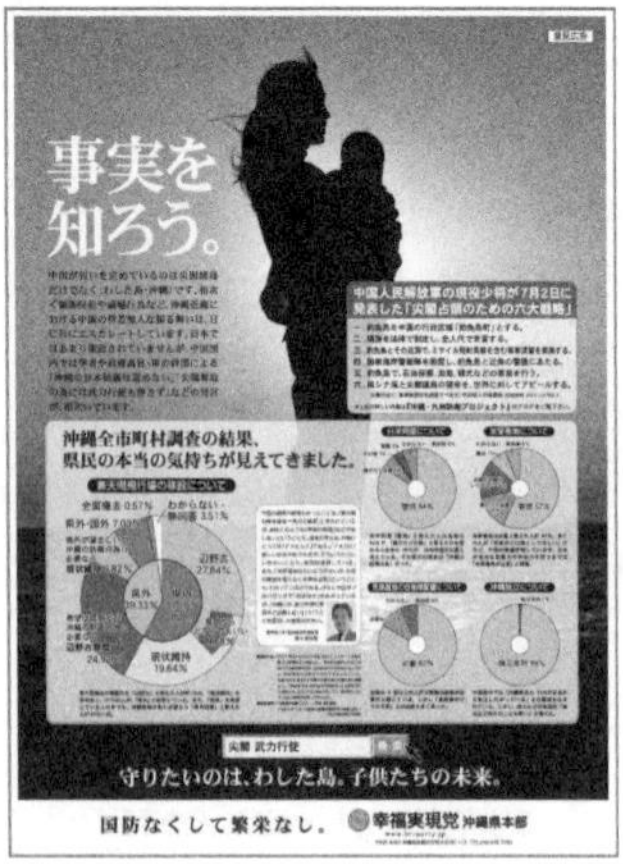

2012年8月12日付沖縄タイムスの意見広告

尖閣諸島を守れ！

2012年8月15日には、香港活動家らが尖閣諸島の魚釣島《うおつりしま》に不法上陸するという事件も起こり、9月11日、かねてより計画されていた尖閣諸島の国有化が行われました。

ところが、翌10月18日、党のあずかり知らぬところで、党員のトクマ（現党遊説局長）が同じく魚釣島に上陸するという〝事件〟が起きました。その当時、私は、党の青年局長兼女性局長を務めていましたが、レギュラーを務めるテレビ番組の収録のため、ロケバスで風評被害に苦しむ福島の旅館に向かっているところでした。その道中、携帯に友人からのメールで「トクマがＮＨＫのニュースに出ている。尖閣に上陸した」と連絡が入ったのです。すぐに確認したところ、トクマが海上保安庁の船で移送される姿がＮＨＫで報道されていて、仰天しました。

トクマは、尖閣諸島沖まで漁船で近づき、大量の中国漁船とサメが徘徊する海に飛び込み、魚釣島に泳いで上陸。日章旗を掲げて、ほうきをギター代わりに党の応援ソングを歌いました（軽犯罪法容疑で書類送検されてしまいましたが、不起訴）。ちなみに、このトクマの尖閣上陸は、「尖閣ロック」という映画にもなっています（２０

１３年公開）。

その２日後の20日、今度は矢内筆勝が尖閣沖に向けて出航。このときは海上保安庁の監視も強化されており、上陸まではしなかったのですが、船上から習近平次期国家主席（当時）および中国共産党幹部ら、中国国民に向けて、「中国の尖閣侵略を絶対に許さない」と、「尖閣防衛宣言」を読み上げました。

このとき、米インターナショナル・ヘラルド・トリビューン紙の記者が同行しており、同紙の１面・３面に掲載されました。

また、韓国ＫＢＣテレビでも放送されるな

2012年９月24日付米インターナショナル・ヘラルド・トリビューン

ど、尖閣諸島が日本の領土であること、それを主張している幸福実現党という政党があることが世界に発信されました。

さらに、2013年6月23日から24日にかけて、矢内と金城が尖閣沖に行っています。6月23日は沖縄戦終結の日であり、沖縄では「慰霊の日」でもあります。そこで、海上保安庁の護衛の下、尖閣諸島を視察し、洋上慰霊を行ったのですが、当時、公党の役員がそうしたことを行ったというのは初めてで、意義があったと思われます。

2012年12月の衆院選でも、2013年7月の参院選でも、争点は引き続き普天間問題となりました。そして、「県内移設」を掲げる候補者は金城だけという構図も変わりませんでした。

金城は、県民一人ひとりの声を聞き、また幸福実現党の考えも知っていただきたいと考え、一人ひとりに直接会いに行き、なぜ県内移設でなければならないのか説明し続けたと言います。その数は1万人に及んだそうです。また、自身で執筆したA3の新聞をポスティングして、翌日、そのエリアで演説したりするなど、さまざまな方法を試行錯誤しながら、一人でも多くの県民の方々にアプローチしようと努めました。

金城は、2009年からこれまで、5回の選挙戦を戦ってきました。すべての候補者が「県外移設」を掲げるなかで、ただ一人、「県内移設」を訴え続けてきました。それは決して楽なことではありません。「あなたたちは戦争しようとしているんでしょ」「戦争しようとしている人は嫌い」といった批判や罵声のなか、それでも何度でも立ち上がり、戦いをやめません。その理由を金城は、「最初に立候補したときから、何度でもやる覚悟でした。『ぶれずに一直線』というのが私の信条なので、これからも変わらず挑戦し続けていきます」と語ります。

沖縄の危機、再び

民主党の鳩山代表（当時）の身勝手な発言に端を発して、2009年の衆院選における民主党の歴史的大勝で、国民的議論の渦中に投げ込まれた普天間基地問題は、皮肉にも、「県外移設」を訴えて当選した仲井眞沖縄県知事の下で、辺野古への移設が進められる運びとなりました。概算要求を上回る沖縄振興予算と引き換えにではありましたが。

しかし、その辺野古への基地移設の計画も、2014年12月に翁長雄志《おながたけし》氏が沖縄県知事に就任すると、一気に雲行きが怪しくなりました。仲井眞元知事の下で降りていた辺野古の埋め立て許可が取り消され、政府と沖縄県が訴訟で争うことになり、このほど、両者で和解がなされ、埋め立て工事は中断することになりました。

そのような反対の流れが強まるなか、金城を筆頭に、沖縄県内の幸福実現党の党員や支援者たちは、基地移設の推進運動を継続していました。

そんななか、2015年4月19日には、大川隆法党総裁はこの時期再び沖縄入りし、「真の平和に向けて」と題して講演しました（『真の平和に向けて』所収）。そのなかで、他県の左翼系の活動家らが地元の人のふりをして基地移設の反対運動を行っていることを正直でないと優しく諭し、北朝鮮や中国の脅威が迫っており「二度目の冷戦」に備えなければならないという点を指摘しました。また、「日本は悪い国」という贖罪意識を持っている人たちに対して、先の大戦における日本軍の戦いによって、欧米の植民地下にあった多くのアジア・アフリカの国々が独立を果たしたと力強く述べられました。

さらに、辺野古移設をめぐって、政府と翁長県知事の亀裂が最も深刻化していた2016年1月末、この時期にも、大川隆法党総裁は沖縄に入られ、約3000人を集めて講演「真実の世界」(『現代の正義論』所収)をし、沖縄県民の目線から、辺野古移設に象徴される基地問題の解決に向けて熱く檄を飛ばされました。

応援してくださる方は着実に少しずつ増えてきています。これは、全国で立ち上がった数多くの名もなき志士たちが、命がけで戦ってきてくれたおかげです。

沖縄は二度と他国に占領させない

私たちが一貫してぶれずに主張し続けられるのは、やはり使命感だと思います。沖縄における活動の原点は、大川隆法党総裁の『志を崩さない』の次の言葉にあります。

「『沖縄のみなさんは、長い間、本当に大変な苦しみのなかにあった』と私は思っています。

どのようにして差し上げたら、その心が癒されるのか、私も、いろいろと考えているのですが、『〝沖縄に生まれたことの不幸〟のようなものを、あまり長く抱いてほしくない』と、つくづく思います。『沖縄が日本の領土であってよかった』と言えるような沖縄に、ぜひ、したいものだと考えている次第です。（中略）

『またぞろ、以前と同じように、他の国の植民地になることが二度とあってはならない』と思います」

大東亜戦争における沖縄戦では、約20万の日本人が戦死しましたが、そのうち、沖縄出身の戦死者は約12万人（軍人が約3万人、民間人は約9万人）に及びます。当時の沖縄の人口は約40万人なので、その約4分の1が戦死したことになります。全人口の4分の1もの人が亡くなっているということは、ほとんどの人がご家族の方を戦争で亡くされていることになると思います。

また、沖縄戦だけでなく、戦後の米軍の占領下でも、沖縄の方々は複雑な思いをさせてきたことでしょう。

敗戦後、日本がサンフランシスコ講和条約で主権を回復した後も、約20年間、沖縄では米軍が施政権を行使していました。その頃の米軍は現在の米軍とはまったく違っていたそうです。

当時はまだ米軍内部にも人種差別の考えがあり、米軍の施政下にあったコザ市の歓楽街は「白人街」と「黒人街」に分かれていました。当然、日本人に対する差別もあり、非常に高圧的だったそうです。

金城は、当時の米軍基地について、「基地を囲むフェンスには、外に向かって鉄条網が覆うようについていて、まるで、基地の外にいる自分たちが金網の中に入れられているような感じがして、とても嫌だった」と、以前話していました。

また、この間、経済、教育、社会保障制度、インフラなどの本土との格差は大きく開きました。

例えば、本土復帰した1972年の国民所得が一人当たり72万1000円だったのに対し、沖縄の県民所得は44万円で、国民所得の61パーセントしかありませんでした（「おきなわのすがた（県勢概要）」参照）。社会保障制度も、本土では戦後いち早く各種の社会保険や年金制度が整備された一方で、沖縄では1967年度からようやく医療保険制度が発足するといった状態でした。

私は20年近く前に、八重山で「ゆとり教育の弊害」について講演をしたことがあるのですが、ゆとり教育自体を知らない方が多くて驚いたことがあります。その頃、ゆとり教育は文部省の官僚が旗振り役となって導入され始めていて、本土ではずいぶん話題になっていたのですが、聞くところによると、当時、石垣島ではテレビ番組を放送している局が三つしかなかったそうです。米軍占領下では本土との情報格差も当然大きなものがあったのだと思います（現在は、ＮＨＫ沖縄放送局、ＴＢＳ系の琉球放送、フジテレビ系の沖縄テレビ放送、テレビ朝日系の琉球朝日放送がある）。

そうしたことをふまえれば、「沖縄は先の大戦で犠牲になった。本土の人は本当にこの沖縄の気持ちが分かっているのか」という感情も当然湧いてくるでしょう。そして、それが、米軍基地の移設反対運動になったり、オスプレイの反対運動になったりしているのでしょう。

確かに、先の大戦では、沖縄の尊い犠牲があったから、日本全土が焦土と化さずに済みました。それに対して、本土の人たちは、もっと沖縄の方々に感謝の気持ちを持つべきだと思いますし、沖縄の方々には、捨て石や盾にされているという被害者意識ではなく、沖縄が日本を守っているという誇りと気概を持っていただきたいと思っています。沖縄が日本国民を守ってくれています。日本を守ってくれています。かつて先人たちが沖縄戦で戦っただけでなく、今も日本の防衛の要として戦ってくださっているのです。

また、本書でこれまで述べてきたように、沖縄戦でも沖縄を守るために全国から多くの軍人が派遣されてきて戦いましたし、本土復帰には沖縄以外の方々の尽力もありました。それほど、沖縄は愛されてきました。先人たちが愛し、そして今も愛されている沖縄を二度と他の国に占領させたりはしません。こうした思いが私たちの活動の原動力です。

最終的、不可逆的に解決を

沖縄を二度と他の国の支配下に置かせないためにも、私たち幸福実現党は、今夏の選挙で普天間問題を最終決着させたいと考えています。

普天間問題のことの発端は、２０１３年12月末に、仲井眞知事（当時）が、辺野古の公有水面埋め立てを承認したことにあります。本来、それによって普天間問題は決着が済んでいます。

ところが仲井眞氏は、その承認の際、「5年以内（2014年2月18日を起点）の普天間基地の運用停止」を条件として政府に突きつけていました。そして今、その条件を盾にして、翁長知事が辺野古移設の承認を取り消すなどして抵抗しているのです。

ただ、そもそもこの条件は実現不可能です。現在、沖縄には、普天間と嘉手納に飛行場がありますが、万一、嘉手納が使えなくなったときに備え、もう一つの飛行場が使える状態でなければいけません。辺野古事業は10年はかかるので、移設する前に普天間を運用停止してしまっては、嘉手納しか使えなくなることになります。そのような状態は、安全保障上あり得ません。

それを分かっていて、仲井眞氏は承認の条件として要求したのです。つまり、将来、政府を追い詰めるための種を蒔いていたのです。沖縄はこれまで何度もそうやって国を相手に予算や補助金を獲得するかけひきを行ってきました。また翁長県政下では訴訟合戦を繰り広げ、〝敗者復活戦〟を繰り返して、基地問題に無駄に時間や予算を浪費してきました。そのようなことばかりしていては、知事が知事としての仕事をしているとは言えません。

そうした不毛なことはもうやめて、過去に遡って政府の邪魔ばかりするのではなく、辺野古移設を完遂させましょう。そして、沖縄がもっと発展するように、未来をつくっていくべきだと考えます。

私たち幸福実現党は、今夏の選挙で最終的、不可逆的に普天間問題を解決するつもりです。

あとがき

エルドリッヂ先生と知り合ったのは、2年前。沖縄で何度も出馬している金城タツローさんの紹介でした。当時は、在沖米海兵隊の要職（政務外交部次長）にあり、日米の懸け橋となって活躍しておられましたが、驚くほど流暢な日本語でのユーモアにあふれるお話に、場は大いに盛り上がり、「会った人はみんなファンになってしまうだろうな」と思ったものです。

ところが2015年以降、「沖縄タイムス」「琉球新報」がエルドリッヂ先生を〝標的〟として扱うようになりました。「沖縄タイムス」の一面トップで、批判記事が書かれたときには、日米の絆を破壊する「捏造報道」に、日本人として「申し訳ない」と感じました。

ただ、エルドリッヂ先生は、いわれなき批判を放置し、〝なあなあ〟で終わらせる人ではありませんでした。知性と論理で、しかも「日本語」で戦う姿に、私はいたく感動しました。アメリカ人でありながら、日本人に説得を続けようとする姿に、本当の沖縄への愛を感じたのかもしれません。

今や、日米関係史の研究者の枠を超えて、多彩なご活躍をされており、さまざまなメディアや講演に登場し、「沖縄問題」を語る上でなくてはならない存在となっておられます。

本書は、そのような〝青い目の侍〟エルドリッヂ先生のご協力でできた一冊です。「黙ってられない」二人が、国籍や言葉の違いを超えて、さまざまな角度から沖縄について語り合う、貴重な機会をいただきました。国防や基地問題に関心のある方のみならず、これからの将来を担う若者たちにも、手に取っていただけたらありがたいです。

私は、沖縄の歴史や基地とどう向き合うかを通して、日本の政治家が篩《ふるい》にかけられているとと感じています。

浅薄な同情心や日和見主義ではなく、真心・赤心という誠をもって沖縄と向き合わなければ、これからの時代、多くの人たちの信頼を得ることはできないのではないでしょうか。

沖縄は、国境を守る最前線にあり、東シナ海や南シナ海の運命のカギを握る島です。沖縄を中心として日米が協力することで、アジアの平和を守っています。また、沖縄は歴史的にも文化的にも、間違いなく日本であることはもちろん、実は、日本の歴史の源流とも密接に関わっているのです。本書を通して、少しでもその真実が伝わることを祈っております。

私たち幸福実現党は5月で立党7年目を迎えます。沖縄で口にできない真実を、ただただ愚直に訴え、一筋に戦ってこられたのは、ひとえに、幸福実現党の父・大川隆法党総裁の不動の信念と、日本全国からいただいたさまざまな応援、そして、沖縄県の皆様にお支えいただいたおかげです。この場をお借りして御礼申し上げます。

最後に、本書の企画をご提案くださったロバート・D・エルドリッヂ先生、編集にご尽力くださった幸福の科学出版 第五編集局の皆様に、心からの感謝を申し上げます。

2016年4月24日

幸福実現党党首　釈量子

著者＝ ロバート・D・エルドリッヂ

政治学博士。1968年、米ニュージャージー州生まれ。米リンチバーグ大学国際関係学部卒業後、文部省ＪＥＴプログラムで来日。99年、神戸大学法学研究科博士課程後期課程修了。大阪大学大学院国際公共政策研究科准教授を経て、2009年、在沖米海兵隊政務外交部次長に就任。東日本大震災では、トモダチ作戦の立案に携わる。15年5月、同職解任。著書に、『だれが沖縄を殺すのか』（ＰＨＰ新書）、『オキナワ論』（新潮新書）、『尖閣問題の起源』『沖縄問題の起源』（名古屋大学出版会）など。共著に、『危険な沖縄』（産経新聞出版）。

著者＝ 釈量子（しゃく・りょうこ）

幸福実現党党首。1969年、東京都小平市生まれ。國學院大學文学部史学科卒業後、株式会社ネピアを経て、宗教法人幸福の科学に入局。学生局長、青年局長、常務理事などを歴任し、幸福実現党に入党。2013年7月に党首に就任。現在、月刊「ザ・リバティ」で「釈量子の獅子奮迅」、月刊「アー・ユー・ハッピー？」で「釈量子のライング・サン」、フジサンケイビジネスアイで「太陽の昇る国へ」、夕刊フジで「いざ！幸福維新」を連載中。著書に、『命を懸ける』『太陽の昇る国』（幸福実現党）、『勝手にモージョ相談処』（青林堂）など。

装丁　庄村香子

一緒に考えよう！　沖縄

2016年 5月 12日　初版第 1 刷

著者　ロバート・D・エルドリッヂ
　　　釈 量子

発行　幸福実現党
〒107-0052　東京都港区赤坂 2 丁目 10 番 8 号
TEL(03) 6441-0754　http://hr-party.jp/

発売　幸福の科学出版株式会社
〒107-0052　東京都港区赤坂 2 丁目 10 番 14 号
TEL(03) 5573-7700　http://www.irhpress.co.jp/

印刷・製本　株式会社 堀内印刷所

落丁・乱丁本はおとりかえいたします

ISBN978-4-86395-786-2 C0030

カバー写真：EPA＝時事、章扉：©siro46-Fotolia.com

幸福実現党シリーズ

いい国つくろう、ニッポン！

大川紫央・釈量子 共著

新時代の理想を描く女性リーダーが、靖国問題や沖縄問題をはじめとする国内外のさまざまな政治と宗教の問題を本音で語り合う。

1,300 円

命を懸ける

幸福を実現する政治

釈量子 著

アベノミクス、国防問題、教育改革……なぜこれらに限界が見えてきたのか。この真実を知れば、幸福実現党が戦い続ける理由が分かる。

1,100 円

太陽の昇る国

日本という国のあり方

釈量子 著　　DVD付き

渡部昇一氏、平松茂雄氏、李柱銘氏ほか各分野の専門家９名との対談を通して、幸福実現党が目指す国づくりの志を明らかにする。

1,200 円

幸福実現党、かく戦えり

―― 革命いまだ成らず

幸福の科学 第五編集局 編

2009 年に立党以来の、国師・大川隆法の先見性と、現代の志士たちの戦いの記録。立党理念から具体的政策まで、幸福実現党のすべてを１冊に集約。

1,000 円

発行 幸福実現党／発売 幸福の科学出版